中华精神家园

古建风雅

楼阁雅韵

神圣典雅的古建象征

肖东发 主编　张自粉 编著

中国出版集团

现代出版社

图书在版编目（CIP）数据

楼阁雅韵：神圣典雅的古建象征 / 张自粉编著. ——
北京：现代出版社，2014.5（2021.7重印）
ISBN 978-7-5143-2325-2

Ⅰ．①楼… Ⅱ．①张… Ⅲ．①楼阁－古建筑－介绍－
中国 Ⅳ．①K928.74

中国版本图书馆CIP数据核字(2014)第085424号

楼阁雅韵：神圣典雅的古建象征

主　　编：肖东发
作　　者：张自粉
责任编辑：王敬一
出版发行：现代出版社
通信地址：北京市定安门外安华里504号
邮政编码：100011
电　　话：010-64267325 64245264（传真）
网　　址：www.1980xd.com
电子邮箱：xiandai@cnpitc.com.cn
印　　刷：三河市嵩川印刷有限公司
开　　本：710mm×1000mm　1/16
印　　张：11
版　　次：2015年4月第1版　　2021年7月第3次印刷
书　　号：ISBN 978-7-5143-2325-2
定　　价：40.00元

党的十八大报告指出："文化是民族的血脉，是人民的精神家园。全面建成小康社会，实现中华民族伟大复兴，必须推动社会主义文化大发展大繁荣，兴起社会主义文化建设新高潮，提高国家文化软实力，发挥文化引领风尚、教育人民、服务社会、推动发展的作用。"

我国经过改革开放的历程，推进了民族振兴、国家富强、人民幸福的中国梦，推进了伟大复兴的历史进程。文化是立国之根，实现中国梦也是我国文化实现伟大复兴的过程，并最终体现为文化的发展繁荣。习近平指出，博大精深的中国优秀传统文化是我们在世界文化激荡中站稳脚跟的根基。中华文化源远流长，积淀着中华民族最深层的精神追求，代表着中华民族独特的精神标识，为中华民族生生不息、发展壮大提供了丰厚滋养。我们要认识中华文化的独特创造、价值理念、鲜明特色，增强文化自信和价值自信。

如今，我们正处在改革开放攻坚和经济发展的转型时期，面对世界各国形形色色的文化现象，面对各种眼花缭乱的现代传媒，我们要坚持文化自信，古为今用、洋为中用、推陈出新，有鉴别地加以对待，有扬弃地予以继承，传承和升华中华优秀传统文化，发展中国特色社会主义文化，增强国家文化软实力。

浩浩历史长河，熊熊文明薪火，中华文化源远流长，滚滚黄河、滔滔长江，是最直接的源头，这两大文化浪涛经过千百年冲刷洗礼和不断交流、融合以及沉淀，最终形成了求同存异、兼收并蓄的辉煌灿烂的中华文明，也是世界上唯一绵延不绝而从没中断的古老文化，并始终充满了生机与活力。

中华文化曾是东方文化摇篮，也是推动世界文明不断前行的动力之一。早在500年前，中华文化的四大发明催生了欧洲文艺复兴运动和地理大发现。中国四大发明先后传到西方，对于促进西方工业社会的形成和发展，曾起到了重要作用。

　　中华文化的力量，已经深深熔铸到我们的生命力、创造力和凝聚力中，是我们民族的基因。中华民族的精神，也已深深植根于绵延数千年的优秀文化传统之中，是我们的精神家园。

　　总之，中华文化博大精深，是中国各族人民五千年来创造、传承下来的物质文明和精神文明的总和，其内容包罗万象，浩若星汉，具有很强的文化纵深，蕴含丰富宝藏。我们要实现中华文化伟大复兴，首先要站在传统文化前沿，薪火相传，一脉相承，弘扬和发展五千年来优秀的、光明的、先进的、科学的、文明的和自豪的文化现象，融合古今中外一切文化精华，构建具有中国特色的现代民族文化，向世界和未来展示中华民族的文化力量、文化价值、文化形态与文化风采。

　　为此，在有关专家指导下，我们收集整理了大量古今资料和最新研究成果，特别编撰了本套大型书系。主要包括独具特色的语言文字、浩如烟海的文化典籍、名扬世界的科技工艺、异彩纷呈的文学艺术、充满智慧的中国哲学、完备而深刻的伦理道德、古风古韵的建筑遗存、深具内涵的自然名胜、悠久传承的历史文明，还有各具特色又相互交融的地域文化和民族文化等，充分显示了中华民族的厚重文化底蕴和强大民族凝聚力，具有极强的系统性、广博性和规模性。

　　本套书系的特点是全景展现，纵横捭阖，内容采取讲故事的方式进行叙述，语言通俗，明白晓畅，图文并茂，形象直观，古风古韵，格调高雅，具有很强的可读性、欣赏性、知识性和延伸性，能够让广大读者全面接触和感受中国文化的丰富内涵，增强中华儿女民族自尊心和文化自豪感，并能很好继承和弘扬中国文化，创造未来中国特色的先进民族文化。

青木水

2014年4月18日

登高胜地——永济鹳雀楼

诗文第一楼——绵阳越王楼

登眺之所——嘉兴烟雨楼

人间仙境——烟台蓬莱阁

雄镇海疆——越秀镇海楼

闽南名楼——福州镇海楼

城南胜迹——贵阳甲秀楼

永济鹳雀楼

　　鹳雀楼位于山西永济蒲州古城西面的黄河东岸、蒲州古城城南，始建于北周，为军事建筑，原名"云栖楼"。后因有一种名为"鹳雀"的鸟类经常群居栖息于高楼之上，"云栖楼"又被称为"鹳雀楼"。

　　鹳雀楼楼体壮观、结构奇巧，加之地理位置优势、风景秀丽，后来唐代著名诗人王之涣在此因楼作诗"欲穷千里目，更上一层楼"堪称千古绝唱。

　　楼因诗名，鹳雀楼与武昌黄鹤楼、洞庭湖畔岳阳楼和南昌滕王阁齐名，被誉为我国"古代四大名楼"。

北周因驻防建楼而盛于唐

　　永济古称"蒲坂"，是五千年中华文明的发祥地之一。早在180万年前，西侯度人就在这里开始用火，使用打制的石器。后来，华夏民族的先祖伏羲、女娲和黄帝，都曾在这一带留下历史痕迹。

鹳雀楼景观

■鹳雀楼远景

有史记载，尧舜二帝曾先后在蒲坂建都。那时候，古人所称"华夏"一词中的"夏"，就是指历史上所说的大夏民族。

而它的繁荣正是以尧舜禹为象征，活动的核心就在河东一带，即黄河以东的山西。而"华"则指"华山一带"，就是黄河西岸这块地方。

因此，古时有"西为'华'，东为'夏'"之说，而后来所建的鹳雀楼恰好就坐落在了华夏先祖历史坐标的中点之上，也正是因这一巧合，令后来的鹳雀楼蒙上了一层神奇的色彩。

550年，东魏大臣高洋建立北齐，定都邺城，就是后来的安阳北郊。当时，北齐的属地在平阳以东，就是后来的山西临汾一带。

557年，西魏大臣宇文觉创立北周，定都长安。后由于北周帝年幼，其朝政由宰相宇文护掌管。北周的属地在河外，就是后来黄河以西的地区。

当时，北周与北齐连年对峙，互夺属地，形成拉

河外 古地域名。春秋至战国，皆以黄河之西为河外。《史记·晋世家》："当此时，晋强，西有河西，与秦接境，北边翟，东至河内。"晋在河西拥五城。《左传·僖公十五年》："略秦伯（穆公）以河外城五。"即说的是晋惠公以河西五城贿秦穆公。后来，河西指黄河西岸之地，包括陕西韩城和大荔等地。

■ 鹳雀楼牌匾

宰相 是辅助帝王掌管国事的最高官员的通称。宰相最早起源于春秋时期。管仲就是我国历史上第一位杰出的宰相。到了战国时期，宰相的职位在各个诸侯国都建立了起来。宰相位高权重，甚至受到皇帝的尊重。"宰"的意思是主宰，"相"本为相礼之人，字意有辅佐之意。"宰相"连称，始见于《韩非子·显学》中。

锯之势，山西大部分地区均被北齐占领，只有蒲坂，时称"蒲州"，它是北周在河外占据的唯一地盘，也是北周屯兵伐齐的前哨阵地。为镇守蒲州，北周宰相宇文护下令，在蒲州城西门外筑一座高楼，以作军事瞭望之用。

传说高楼当时处的位置比较高，而那时的黄河则相对较低。因其气势宏伟，高大辽阔，登上层楼则有腾空欲飞之感，所以高楼最早名叫"云栖楼"，也称"云仙阁"。

由于云栖楼紧靠黄河，于是就有一种食鱼鸟类时而翱翔在河面上，时而又栖息在云栖楼上。此水鸟似白鹤，嘴尖与腿长而直，毛灰白色。它们常在江、河、湖、泽近旁，专捕鱼虾为食。

据说，当地老百姓刚开始，见到这水鸟栖息高楼顶上时，不知道它们就是"鹳雀"，只是时间久了，大家发现，这种鸟很懒，老在水边上等着，一等就是一两个小时，直到鱼撞上来后它们才吃上一口，所以人称"老等"。

云栖楼刚落成时，"老等"只是偶尔在楼上聚聚，但后来就越聚越多，甚至当它们栖息停落于云栖楼上时，整座云栖楼都变成了一片灰白，因而当地百姓又称它为"白楼"。

后来，传说有位学者到云栖楼游玩，他对花鸟都颇有爱好，见到群居于云栖楼的"老等"，他禁不住地惊呼"鹳雀，鹳雀"。从此，老百姓不再叫"老等"，而是改叫"鹳雀"了，而云栖楼也因此而改成为"鹳雀楼"了。

据史料记载，唐代时，在山西永济蒲州古城的西南城上，扩建有一座美丽的楼阁"鹳雀楼"。高台重檐，黑瓦朱楹，楼分为三层，高约10余米，又因其筑

重檐 在基本型屋顶重叠下檐而形成。其作用是扩大屋顶和屋身的体重，增添屋顶的高度和层次，增强屋顶的雄伟感和庄严感，调节屋顶和屋身的比例。因此，重檐主要用于高级的庑殿、歇山和追求高耸效果的攒尖顶，形成重檐庑殿、重檐歇山和重檐攒尖三大类别。

■ 鹳雀楼内的仿古陈设

■ 鹳雀楼上王之涣
挥笔赋诗的铸像

中州 又名"中土"、"中原"、"中国"，是黄河中下游河南的古称，意为国之中，华夏之中，古代以洛阳为中心的地区。由于重要的"国之中、天地之中"的地理位置，中州地区数千年来一直都是历代群雄逐鹿中原、鼎立天下的兵家必争之地。

设在城垣之上，共计高达28米。此楼设计精妙，结构奇巧，雅致壮观。

在当时，人们登至三楼上，就既可以鸟瞰波涛滚滚、浩瀚无涯的黄河之水，又可以眺望阡陌交织、坦荡无垠的大地，也可以南望起伏连绵的中条山，还可以隐约西览雄伟壮观的西岳山。

正由于鹳雀楼地处秦晋分界处，风景秀丽，因此，在唐代时，鹳雀楼就吸引了许多文人雅士、骚人墨客，去登楼观瞻、放歌抒怀，并留下了许多居高临下、雄观大河的不朽篇章。鹳雀楼也因此被誉为中州大地的"登高胜地"，有"河东胜概"之称。

拥河东之胜的鹳雀楼，在唐代时几乎成了当时大诗人们赛诗的舞台，仅以《登鹳雀楼》为题的名作就有很多，其中尤以盛唐时代著名诗人王之涣、李益和畅当三人的同名作品最为著名，"能壮其观"。

但后来一直留传，妇孺皆知的诗冠，当属太原才子、唐代著名大诗人王之涣的《登鹳雀楼》：

> 白日依山尽，黄河入海流。
> 欲穷千里目，更上一层楼。

这首诗为王之涣在704年前后游蒲州、登鹳雀楼时所作。王之涣生性豪放不羁，常击剑悲歌，其诗多被当时乐工制曲歌唱。他名动一时，以善于描写边塞风光著称。代表作有《登鹳雀楼》和《凉州词》等。

此诗前两句写的是自然景色，但一开口就有缩万里于咫尺，使咫尺有万里之势。后两句写意，写的出人意料，把哲理与景物、情势融化得天衣无缝，成为鹳雀楼上一首不朽的绝唱。

据说，王之涣在鹳雀楼壁题诗不久，他的《登鹳雀楼》就在大江南北广为传诵。当时，耸立在蒲州城

墨客　指诗人、作家等风雅的文人。汉时扬雄《长杨赋》："言未卒，墨客降席，再拜稽首。"按，《长杨赋序》谓："聊因笔墨之成文章，故藉翰林以为主人，子墨为客卿以风。"赋中称客为"墨客"，后遂为文人之别称。

■鹳雀楼上远眺

■ 鹳雀楼内的缫丝塑像

西门外的鹳雀楼，则更是因为王之涣的这首千古绝唱而名扬天下。

继王之涣以后，唐代诗人李益和畅当先后慕名王之涣的《登鹳雀楼》前去永济鹳雀楼登高赋诗。如李益的《登鹳雀楼》：

鹳雀楼西百尺樯，汀洲云树共茫茫。
汉家箫鼓空流水，魏国山河半夕阳。
事去千年犹恨速，愁来一日即为长。
风烟并起思乡望，远目非春亦自伤。

李益的这首七律写登鹳雀楼远望，由怀古之情转而生出思乡之意。

又如畅当的《登鹳雀楼》：

李益 （746—829），唐代著名诗人，诗风豪放明快，尤以边塞诗为有名，他是中唐边塞诗的代表诗人。他还擅长绝句，尤工七绝，名篇如《夜上西城》《从军北征》《受降》《春夜闻笛》等。后世存有《李益集》2卷，《李君虞诗集》2卷及《李尚书诗集》1卷。

迥临飞鸟上，河流入断山。

天势围平野，高出尘世间。

诗人站在鹳雀楼上，望远空飞鸟仿佛低在楼下，觉得自己高瞻远瞩，眼界超出了人世尘俗。从鹳雀楼四望，天然形势似乎本来要以连绵山峦围住平原田野，但奔腾咆哮的黄河却使山脉中开，流入断山，浩荡奔去。此诗诗歌意境非常壮阔，是描写鹳雀楼风光的上乘之作。

古人说，唐代时的鹳雀楼是"山河萦此地，哲理蕴斯楼"，当年王之涣登楼之后因作了《登鹳雀楼》这首诗即被朝廷重用，踏上了仕途，后两位诗人李益和畅当也是登楼之后，人随心愿，好运连连。

如此一来，鹳雀楼佳话频传。到了中、晚唐时期，更是有当时风头极盛的唐代著名诗人耿洪源、马

七律 即七言律诗的简称，是律诗的一种。律诗是我国近体诗的一种，格律严密。其发源于南朝齐永明时沈约等讲究声律、对偶的新体诗，至初唐沈佺期、宋之问时正式定型，成熟于盛唐时期。律诗要求诗句字数整齐划一，律诗由八句组成，七字句的称七言律诗。

■ 鹳雀楼内的采桑塑像

马戴（799—869），晚唐时期著名诗人，尤以五律见长，深得五言律之三味。他善于抒写羁旅之思和失意之慨，蕴藉深婉，秀朗自然。他的边塞诗慷慨激壮，为晚唐较好的佳作，历来广为传诵。《全唐诗》录存其诗172首，编为2卷。他著有《会昌进士诗集》1卷和《补遗》1卷。

戴、司马札、张乔和吴融等相继登楼赋诗，并都留下了佳句。

如耿洪源的《登鹳雀楼》：

久客心常醉，高楼日渐低。

黄河行海内，华岳镇关西。

去远千帆小，来迟独鸟迷。

终身不得意，空觉负东溪。

这首五律气势很大，同时感慨自己抱负不成，壮志难酬，读来令人扼腕！

唐代诗人马戴的《鹳雀楼晴望》是他的代表作品之一，这首诗想象丰富，展现了诗人宽阔的胸怀。

■ 鹳雀楼内的浮雕

尧女西楼望，人怀太古时。

海波通禹凿，山木闭虞祠。

鸟道残虹挂，龙潭返照移。

行云如可驭，万里赴心期。

■ 鹳雀楼内的浮雕

司马扎作《登河中鹳雀楼》：

楼中见千里，楼影入通津。

烟树遥分陕，山河曲向秦。

兴亡留白日，今古共红尘。

鹳雀飞何处？城隅草自春。

这首诗前四句写登鹳雀楼所见的景色，后四句抒发今古兴亡的感慨。

张乔作《题河中鹳雀楼》：

高楼怀古动悲歌，鹳雀今无野燕过。

树隔五陵秋色早，水连三晋夕阳多。

渔人遗火成寒烧，牧笛吹风起夜波。

十载重来值摇落，天涯归计欲如何？

这首诗情绪低沉，一派悲凉，反映了晚唐的时代风貌。

吴融作《登鹳雀楼》：

鸟在林梢脚底看，夕阳无际戍烟残。

冻开河水奔浑急，雪洗条山错落寒。

始为一名抛故国，近因多难怕长安。

祖鞭掉折徒为尔，赢得云溪负钓竿。

这首诗景色苍凉，是唐朝末年混乱形势的反映，再也看不到王之涣诗中显示的盛唐气象。在唐末时，翰林学士李瀚也曾随人去鹳雀楼游玩，并著有《河中鹳雀楼集序》。

阅读链接

相传，唐代时人们登云栖楼鸟瞰风景的盛况，被天上的神仙知道了，于是玉皇大帝传诏，让一位神仙下凡去窥探虚实。于是，神仙就驾鹳雀飞至云栖楼上，凭栏四顾，细目端详。

望着滔滔黄河和山川大地，神仙不禁赞叹：“美哉！美哉！真乃人间天堂也。”看后，又驾鹳雀而去。

此后，天上的诸位神仙便竞相前去观赏，并且每次都是驾鹳雀而来又驾鹳雀而去。后来，云栖楼一带，就逐渐成了鹳雀的世界。于是，人们就改“云栖楼”为“鹳雀楼”了。

重建后的鹳雀楼再度辉煌

　　在北宋中期时，鹳雀楼仍然为当时的"登高胜地"。北宋著名科学家、改革家沈括及北宋著名词人晁元礼就曾于这一时期里先后登临鹳雀楼并赋诗。

■重建后的鹳雀楼

晁元礼（1046—1113），北宋词人，1073年进士，后以承事郎为大晟府协律。擅长写词，一类为宫廷应制之作，一类为抒情写意或咏物之作，一类为代言体。晁元礼与当时另一大词人万俟咏齐名。他的主要代表作有"绿头鸭"、"望海潮"、"水龙吟"、"上林春"、"满庭芳"和"沁园春"等。

■ 重建后的鹳雀楼景观

沈括在登临鹳雀楼后赋诗《开元乐·三台》：

鹳雀楼头日暖，蓬莱殿里花香。
草绿烟迷步辇，天高日近龙床。

北宋词人晁元礼在登临鹳雀楼后写下名词《一落索》：

正向侯堂欢笑，忽惊传新诏。马蹄准似乐郊行，又却近、长安道。
鹳雀楼边初到，未花残莺老；崔徽歌舞有余风，应忘了，东平好。

到金章宗明昌年间，鹳雀楼还如从前那样雄伟地屹立在那里。南宋爱国诗人陆游对朝廷迟迟不能收复

鹳雀楼雕塑制盐

中原而愤愤不平，他在鹳雀楼上题写了一首耐人寻味的《杂感》：

一樽易致葡萄酒，万里难逢鹳雀楼。

何日群胡遗种尽，关河形胜得重游。

1222年，鹳雀楼被大火烧毁，只剩下了故基。

1272年，元代著名学者、诗人王恽游蒲州、登鹳雀楼旧址故基时，写下篇《登鹳雀楼记》记述了鹳雀楼当时的景况：

元壬九年三月，由御史里行来官晋府。十月戊寅，按事此州，遂获登故基，徒倚盘桓，逸情云上，虽杰观委地，昔人已非。而河山之伟，云烟之胜，不殊于往古矣。

这些记述，清楚地表明鹳雀楼在元初就已被毁。

在元代中后期，由于黄河河床不断升高，又多次泛滥，鹳雀楼故

■ 重建后的鹳雀楼
正方及景观

彩绘 在我国自古有之，被称为丹青。其常用于我国传统建筑上绘制的装饰画。我国建筑彩绘的运用和发明可以追溯到2000多年前的春秋时代。它自隋唐期间开始大范围运用，到了清朝进入鼎盛时期，清朝的建筑物大部分都覆盖了精美复杂的彩绘。

址也因而数次被水淹没。后来，水虽然退却，但浸入蒲州城郭的泥沙却沉积了下来，而且地面日渐抬升。从此，鹳雀楼再也没有了往日的繁华和兴盛。

明代初年，鹳雀楼的遗址还明确可辨，但到明末清初，因黄河水频繁泛滥与河道摇摆频繁，就完全湮灭，无迹可循了。

蒲州人十分怀念鹳雀楼，为了一种心理的补偿和安慰，蒲州人除根据唐代诗人王之涣的《登鹳雀楼》诗来想象鹳雀楼的雄伟神奇外，还把蒲州城西城楼寄名为"鹳雀楼"，以表达对鹳雀楼盛况的追忆。

在清代时，登临作赋者不绝，但西城楼毕竟是"盛名难却，其实难副"，数百年来，给人留下了对先前鹳雀楼的无限怀念。清初著名诗人尚登岸就曾赋诗道：

河山偏只爱人游，长挽羲轮泛夕流。

千里穷目诗句好，至今日影到西楼。

后来，人们认为鹳雀楼是黄河的标志，是中华民族不屈的象征，于是就大兴土木重建鹳雀楼。鹳雀楼的再度辉煌，标志着中华民族的又一次伟大与繁荣。

新建的鹳雀楼外观四檐三层，内设6楼，楼体高73.9米，是我国最大的仿唐建筑，建筑面积30000多平方米，主楼建筑面积为8000多平方米，因鹳雀楼建于北周而盛于唐代，所以后来重建时，在其建筑形制上充分体现了唐代风貌。

鹳雀楼是全国唯一利用唐代彩绘恢复起来的仿唐代建筑。楼的外侧上有许多彩绘，全楼的彩绘面积近40000平方米，而且所有的彩绘都是手工绘制。其外表雕梁画栋、流光溢彩。

在鹳雀园大门前，是一汪碧波荡漾的人工湖，平面呈鹳雀飞翔之型，故名"鹳影湖"。湖面正中由三孔石拱桥连接，桥面宽约5米，两

■ 鹳雀楼前的鹳影湖

■ 鹳雀楼内复原的当地民制盐场景

楹联 又称对联或对子，是一种对偶文学，起源于桃符，一般不需要押韵，是利用汉字特征撰写的一种民族文体，也是写在纸、布上或刻在竹子、木头、柱子上的对偶语句，言简意深，对仗工整，平仄协调，是一字一音的中文语言独特的艺术形式。

边是汉白玉石雕栏杆。

　　站在桥上，尽收眼底的是宽广平整、造型独特的广场。广场通过绿化树木和茵茵草坪将其布局为棋盘式的几何图案，在广场的尽头就矗立着高耸云端、气势恢弘的鹳雀楼。

　　登百余台阶，就到了鹳雀楼的楼门前，楼门上方横陈着"文萃李唐"四个金色大字，左右立柱上镌刻着一副楹联：

凌空白日三千丈；

拔地黄河第一楼。

这与巍峨的高楼珠联璧合，相得益彰。

鹳雀楼内部陈设以河东文化和黄河文化为主题，充分说明黄河是人类文明最早的发祥地，华夏民族的先祖在这里写下了辉煌历史，其时代跨越中华上下五千年。

楼门内，为一楼大厅。其中，有一幅以硬木彩塑制作的"中都蒲坂繁盛图"，色彩艳丽，制作精美，气势宏伟，真实再现了盛唐时期蒲州城的繁荣景象，特别是对鹳雀楼当时地理位置的描摹，生动有致，精美逼真。

在二楼的四周，是一组组河东名人蜡像：女娲补天，嫘祖缫丝，大禹治水，杨贵妃出浴，崔莺莺听琴，司马光砸缸，关羽傲然肃立，柳宗元淡然挥毫……形象传神，惟妙惟肖。这些都充分再现了悠久的华夏文明。

三楼内，设有古代蒲州的四大产业：制盐、冶

华夏 是古代汉族的自称，即华夏族。原指我国中原地区，后包举我国全部领土而言，遂又为中国的古称。"华夏"一词由周王朝创造。最初指代周王朝。华夏文明亦称中华文明，是世界上最古老的文明之一，也是世界上持续时间最长的文明之一。

■ 鹳雀楼内《司马光砸缸》故事塑像

铁、养蚕和酿酒，通过四组形神兼备的塑像，以及剪纸、年画、社火等，生动地反映了河东人民的勤劳和智慧。

四楼四周的墙壁上，展示着与鹳雀楼有关的一系列名人字画，图文并茂，琳琅满目，令人目不暇接。还有宇文护《筑楼戍边》及王之涣《旗亭画壁》的故事，采用了欧塑形式表现，高贵典雅。

五楼陈列着古鹳雀楼的仿制品，纯木结构，古朴典雅，气势不凡，确有震古烁今之势。

六楼长廊的西面，立有一尊王之涣的铜像，与真人大小相仿。据说唐代著名大诗人王之涣当年就是在这里登高望远，感慨万千，写出了那首流传千古的名篇《登鹳雀楼》。

铜像工艺极其精美。王之涣髯须飘扬，左手持纸，右手握笔，意气风发，激昂壮怀。他极目眺望，神似凝聚，宛如中条山历历在其目，黄河如一条白练，闪闪发光，一种磅礴的气韵油然而生。

鹳雀楼是黄河的标志，是中华民族不屈的象征，它的再度辉煌，标志着民族的又一次繁荣，祖国的再次腾飞。

阅读链接

相传，元初文学家王恽小时候读书的老师是蒲州人，因此他很早就知道蒲州的鹳雀楼"观雄天下"，是天下最雄伟壮观的高楼了。后来，读了王之涣、畅当等人的诗后，他像许许多多读书人一样，更是殷切地向往能去登楼。

1272年10月，王恽由中央监察御史调山西任平阳路总管府判官后，他终于在当年10月满心欢喜地去了永济，但他没有看到鹳雀楼，只看到了已经是楼体坍塌、堆堆瓦砾的鹳雀楼遗址，为此，他深感遗憾，于是在游览之余写了一篇《登鹳雀楼记》以作留念。

绵阳越王楼

　　越王楼位于四川绵阳龟山之巅，始建于唐高宗显庆年间。因时任绵州刺史的唐太宗第八子、越王李贞而闻名于世，其规模宏大、富丽堂皇，楼高百尺，居唐代四大名楼之首。

　　越王楼自建成起，就先后有李白、杜甫、李贺、李商隐和陆游等历代名人登临，并留下著名诗篇数百首，被世人誉为"诗文第一楼"，它与黄鹤楼和岳阳楼及滕王阁并称为"唐代四大名楼"。

筑城安邦扬天威越王建楼

越王楼全景

627年，唐太宗李世民的第八个儿子出世，此子出生之年，正当其父登基做皇帝之年。

关于他的起名，有人说是他给父亲带来了好运，也有人说是因为李世民刚登基不久，就添了龙子，非常开心，所以给他取名李贞。而他父皇的年号"贞观"之"贞"正好与其姓名里的"贞"字完全相同。

李贞从小就备受其父皇李世民的喜爱，他刚5岁时就被封为"汉王"，才7岁上就授予了他徐州都督的官衔，不久又改封他为"原王"。

636年正月，李世民又改封他做"越王"，并于二月正式任命他为扬州都督，赏赐实封八百户。从此扬州百姓之中，就有8百户人家上交的赋税，不归朝廷而归这个十来岁的小王子享用。

在638年时，吐蕃松赞干布要迎娶大唐公主，与大唐王朝和亲。李世民在641年选了一位品貌俱佳的宗室女，册封为"文成公主"，由礼部尚书、江夏郡王李道宗持节护送至吐蕃完婚，从此唐蕃关系修好。

649年，李世民在去世之前，他给越王李贞加实封为一千户。但也就是这年，松赞干布病逝了。后来，继位吐蕃国王的莽伦莽赞不再与唐朝和平共处，而李贞的王弟、唐高宗李治继承父皇帝位没几年，就受到了来自西南边陲的巨大威胁，吐蕃军又开始向东方武力扩张。

在这种形势危急的情况下，唐高宗李治决定选派一位德高望重、文武兼备的重臣去镇守绵州，就是后来的绵阳。

因绵州地处剑门蜀道和阴平古道的交会点，又有涪江水路可通楚吴，有"剑门锁钥、蜀道咽喉"之称。吐蕃东进必经绵州。所以只要绵州稳固，大唐的

■ 越王楼近景

百户 古代封制。唐朝亲王实封只有八百户至一千二百户左右，是汉朝万户侯所拥财力的十分之一。食邑万户以上，称"万户侯"，是汉代侯爵最高一层。

阴平古道 起于阴平都，就是后来的甘肃文县的鹩坂坝，途径文县城，翻越青川县境的摩天岭，经唐家河、阴平山、马转关、靖军山，到达平武县的江油关，全长265千米。

■ 花丛中的越王楼

西南地区就不会受到太大的威胁。

　　唐高宗李治苦苦思索了好久，想到了比他年长一岁的八王兄、越王李贞。他们兄弟俩自小感情就比较好，如果派他前去剑南道任绵州刺史，在李治看来，那就如同他自己亲去了，而且，越王以唐室亲王的威望，雄视西南，或许就能使吐蕃有所顾忌。

　　越王李贞除了喜欢读书，多涉文史、知识广博之外，他从小就喜欢骑马射箭，练就了一身武艺，可谓文武兼备，而且又很能干，会办事，颇有几分父皇遗风。加之，他从不参与宫廷内部的权力倾轧，很安分，也很明智，素有"材王"之称。

　　在显庆年间，唐高宗升任李贞为绵州刺史。当时的绵州位于剑南道北部，与之相邻的龙州、茂州就是大唐与吐蕃的接壤处，而更远一点的松州则数度落入吐蕃手中，成了唐朝与吐蕃争夺的中间地带。

　　绵州距龙州、茂州，均不足150千米的行程。若吐蕃一旦越过汶江而据有涪江上游，则只需三五日即可直扑绵州城下。

　　越王李贞刚到绵州上任时，便处处感受到种种来自西部边陲的威胁，那时候，无论从京城下来的，成都北上的，更有从南诏、百越和身毒来的客商，都把绵州作为中转站，陆路货畅其流，尤其丝绸营销量大，因南北丝绸之路都可于此相连接。只有水路东通西阻，故紧张中仍显现一番繁荣景象。

绵州当时状况最为脆弱的是州城城防。自唐代定鼎长安以来，削平内乱，天下一统，自此海宴河清，中经贞观之治，承平几近40余年。国富民殷，地方官早把武备一事抛诸脑后了。

■ 越王楼斗拱

绵州州城的城垣几乎无存，周围大缺小口，无处不在。州城之外，东有芙蓉溪，西有涪江，更西有安昌江，北有绵山，似此外有汤池而内无金城，城虽险要然武备废弛，如何能够御寇？如何能够安民？

于是，越王李贞命人请来绵州城中几位绅耆长者，向他们垂询治绵方略。其中，有一位长者就建议说，越王是大唐室帝王之胄，至尊至贵，来刺绵州，似不宜在这州衙中理事，当另卜龙脉宝地，建一王府，大王居中理事，让百姓如睹天颜，则吐蕃自不敢觊觎我绵州。

随后，越王李贞告示说：

绵州城垣颓败，武备废弛，若吐蕃铁骑来犯，我等均将为其所虏。故从今日起，尔

贞观之治 是指我国唐太宗李世民在位期间的清明政治，使得唐朝社会出现了安定的局面。由于当时年号为"贞观"，所以史称"贞观之治"，是唐朝的第一个治世，它同时为后来的"开元之治"奠定了厚实的基础。

度支部 古代官署名，为掌管户籍财经的机关，六部之一。三国至唐称"度支"、"左民"、"右民"等，唐代永徽年初因避讳唐太宗李世民名讳改称"户部"，五代至清光绪末年，改"户部"为"度支部"，管田赋，关税，厘金，公债和货币及银行等。

等速去召集城中丁壮，鸠工集材，荷土运石，将城垣增高加固，增设城垒。

限令半载之内，务要克期竣工。此乃合城官绅士庶性命安危所系，尔等均得不辞辛苦。敢有怠工者、废事者、误期者，本州决不宽贷。

就这样，越王一声令下，全城动员，赶修城垣。李贞本人亦不时亲临工地巡视，工程进展倒也顺利。半载之内，果然告竣。一座高大的绵州城，重新在涪江东岸、芙蓉溪西岸矗立起来。

越王李贞见城垣告竣，就责令绵州司马，令其加紧演练士卒，增派城守，完善城防，以确保绵州城万无一失。此后，李贞心想作为地方官，保境安民，自是分内之责。

越王李贞认为，他既为亲王，唐室贵胄，奉高宗皇帝之命是来守邦，便不能只做一点州县吏所做的事。于是，他就考虑"何以壮大唐之山河，宣帝德于华阳，扬天威于域外，报皇恩于剑南"。因而，他决定一定要建王府，居中理事，让百姓

■ 越王楼脚下的景观

如睹天颜。

当下，他向唐高宗李治拟了一道奏章，讲明自己要在绵州肇建王府的打算，恳请唐高宗李治下拨一笔库银相助。末了，他还特别强调这是为了"扬天威、布帝德，让绵州百姓可以朝夕望阙叩拜，倍沾唐天子隆恩"。

唐高宗御览完毕李贞的这道奏章，深为八王兄的赤诚所感动，当即在奏章上朱批"准奏"两字，命人发往度支部去办理。李贞收到高宗批来的这笔库银，便命人一边在州城内外各处选址，一边购置砖瓦木材，准备及早动工。

■ 越王楼夜景

越王府的地址最后定在绵州城外西北方向约一里远的龟山之巅。此山形如元宝，背靠绵山，西临涪江，东南方向紧靠绵州城，实乃剑南绵州山川形胜所在。据说，在此地修王府，建高楼，是可以显示帝王至高无上的权力和威严的最佳位置。

越王楼由李贞本人亲自督建，他参考了长安、洛阳诸多王府的营造规制，再根据龟山的地形地貌，依山取势，因势建楼。

该楼修建历时三年，耗银50万两，建成之后，李贞将其命名"汉王宫"。因为他早年封的王号，就是

奏章 我国古代时期，大臣向皇帝进言或汇报事情时所使用的文书，是大臣和皇帝之间交流的主要途径。在奏章中，大臣可以向皇帝表达自己对于朝政的意见其他事情的看法或建议等，是否认真批复奏章也是证明一位皇帝是否贤明的重要标志。

绵阳越王楼

神圣典雅的古建象征

"汉王"。只是因为绵州人都知道他是越王，久而久之，称呼惯了，"汉王宫"就叫成"越王楼"了。

绵州越王楼位于百级石阶之上的赭色高墙内，是绵州当时的州衙，也是越王李贞处理公务的地方。在越王府内，有一座大花园，两边建有花台，中间是一条卵石甬道，直通越王楼下。

楼高30多米，楼顶压着红色的屋脊，脊上装饰着龙、虎以及各种神兽，脊下覆盖着上了绿色彩釉的屋瓦。越王楼大楼四周的栏杆、立柱、板壁都涂成红色，绘着各种体现皇家气派的图案。

阅读链接

传说，越王李贞任绵州刺史建造越王楼的时候，就是想与他的六叔、唐太宗李世民的六弟、任洪州刺史的滕王李元婴在南昌建造的滕王阁一比高低。在当时，滕王阁为最高名楼，高达9丈。

越王李贞到任绵州后，先建府后建楼，想到自己曾赐封汉王、原王和越王三顶王冠，觉得"吾建之楼应高10丈，比滕王阁高1丈，以显赫皇家气派、威武"。

于是，越王李贞就建造了占地面积数"丘"，相当于300余亩的越王楼，这就是危楼高百尺"的来历。

越王楼为唐代时绵州胜景

越王楼竣工之后，越王李贞又命人清理余下材料，移到城西南涪江边，将剩余的款项，在那里建造了一座望江楼，专供游人观景。可惜的是，这座望江楼在后来几废几兴，直至荡然无存。

这样一来，绵州城里的百姓，只要出了西门、南门，就可以绕道到达越王楼下。若站在龟山下，抬头仰望天空，就觉得这楼之高，简直和天宫连在一起了。传说当夜间出现满天星斗的时候，这大楼也就耸入星空之中，楼上的灯光照射出来，比天上的星星还亮。

有唐代诗文描写说，如果

夜幕下的绵阳越王楼

涪江 是嘉陵江的
支流，长江的二
级支流，流域宽
广。其名字与县
名有关。在汉高
祖时，绵阳称涪
县。古代巴蜀以
嘉陵江为界，蜀
为内，巴为外，
所以涪江又称
"内水"或"内
江"。自汉、晋
以来，涪县就是
涪江流域政治、
经济和军事的中
心，涪江也因此
得名。

踏上越王楼的楼梯，一层一层往上攀登，马上就会产生一种奇特的感觉。人在楼上，手扶栏杆，临空站立，随时都可以听到呼呼的风声，令人产生一种腾云驾雾、冉冉升空的幻觉。

攀楼至顶层后，可北望剑门，隐约可见72峰直刺蓝天。西望岷山和雪山，有如片片鱼鳞，在云团中忽隐忽现。转向东南，极目远眺，又可将绵州形胜，尽收眼底。

纵览涪江、安昌江和芙蓉溪三江胜景。尤其在三江交汇处，水面宽约百丈，江水清澈见底，船只往来如梭，船帆如朵朵白云飘逸，常有大群沙鸥和白鹭不时翻飞于江边，是最吸引游人的一处景观，为唐代时绵州胜景。

那时候，与绵州城仅芙蓉溪一水之隔的东山，素称"绵州第一山"。李贞在越王楼上，每当困倦之时，便推开东边窗户，欣赏东山美景，见山上林木葱茏，山色如黛，延绵数里，势若长龙，煞是可观。

尤其是清晨，当太阳从东山冉冉升起之时，云蒸霞蔚，变幻多端，一团团薄雾在山脚飘逸，将涪江和东山连成一片，一时间烟笼江

■ 越王楼后侧阶梯

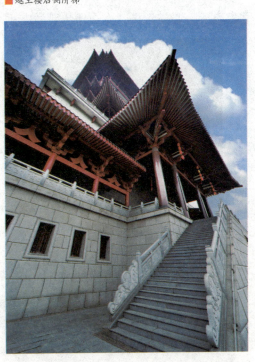

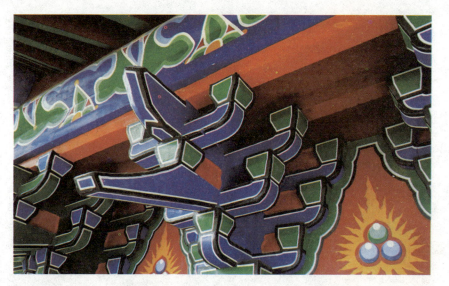

■ 越王楼斗拱

水，云掩青山，云雾翻飞，万顷波涛，最为壮观，更让他心驰神往，欲亲临攀登。

有一天，李贞等人趁闲暇前去芙蓉溪，沿石梯而下，就到了东津渡口，那里早已是一片热闹景象，摆渡的，候船的，人声嘈杂。大批百姓要进绵州城赶早场，挑着新鲜蔬菜和时鲜瓜果往岸上挤，李贞让老百姓过去后，自己才慢慢上船。

船到东岸，李贞等人上岸后，沿溪边上行，芙蓉成林，芦苇连片。不到500米，拐右东行，沿雷溪上山。在密林中穿行约两个时辰，就到了东山之巅。

在东山上远观越王楼，李贞发现越王楼正好建在了绵州城的西北角上，背靠绵山，西临涪江，山水辉映，风水极佳。因而，他更加确信自己当初选定的王府府址，确实是建一处风水宝地。

随后，李贞等人在附近转悠后又有新的发现，这绵州古城所处位置，确实气势非凡，城东有芙蓉溪，

时辰 我国古时把一天划分为十二个时辰，每个时辰相等於现在的两小时。相传古人根据我国十二生肖中的动物的出没时间来命名各个时辰。西周时就已使用。汉代命名为夜半、鸡鸣、平旦、日出、食时、隅中、日中、日昳、晡时、日入、黄昏、人定。又用十二地支来表示，以夜半二十三点至一点为子时，一至三点为丑时，三至五点为寅时，依次递推。

■ 越王楼上的"塔影流波"牌匾

城西有涪江，再往西又是安昌江，城的东南西北，各有一座山，形似如斗的四只角，正好从四个方向拱卫着绵州城。

涪江从西北流向东南而去，在州城西边绕了几个弯，形状很像一个篆写的"巴"字。绵州城正好被三水四山环绕，实乃剑南形胜所在，该地曾有"水陆四通，唯急是应"之称。

经打听，李贞知道，早在三国时期，蜀汉昭烈皇帝刘备及他的远房兄弟刘璋就来过该地了，当时刘备看到西蜀一带繁荣富饶，心中非常高兴，就对刘璋说"富哉，今日之乐也"，所以后来的人们，便将东山称作"富乐山"。

当时，李贞暗想，自己不知不觉，站到了蜀汉昭烈皇帝刘备站过的地方，当年昭烈皇帝为兴复汉室，终生不懈，虽然卒未成功，但已使汉祚延长了几十年。如果有朝一日，大唐王室将倾，我李贞一定要学昭烈皇帝，为兴复唐室，不惜赴汤蹈火。

李贞认为，富乐山这么重要的一个地方，应该修个有纪念意义东西，才不愧于大汉皇叔。想来想去，他觉得这富乐山高、广、雅、秀，视野极佳，不如修一个高坛，每年来此祭告天地山川神灵，不仅名正言顺，而且祀典崇隆，万众瞩目，亦可使富乐山生辉。

当晚回到州衙，李贞就伏案疾书，向高宗皇帝草拟一道奏章。大意是说：绵州城外东山，曾是汉建安年间昭烈皇帝刘备驻跸之所，如今已是蒿草丛生，林莽遮天，臣意欲在此建高坛一坐，代皇上祭告天地之用，以壮大唐声威，而宣天子盛德云云。

高宗览毕，朱笔加批"准奏"。

李贞接到圣旨，择日动工，很快在那里建起高坛一座，勒石其上，曰"敕修富乐坛"。坛高二九一十八尺，上圆下方，上法天，下法地，取天圆地方，天覆地载之意。

圣旨 是我国古代皇帝下的命令或发表的言论。圣旨是我国古代帝王权力的展示和象征，圣旨两端则有翻飞的银色巨龙作为标志。圣旨作为历代帝王下达的文书命令及封赠有功官员或赐给爵位名号颁发的诰命或敕命，圣旨颜色越丰富，说明接受封赠的官员官衔越高。

■ 绵州富乐山上的绵州碑林

望江楼 是四川绵阳历史上一座声名不斐的望江楼。绵阳古称绵州，绵州望江楼始建于唐高宗显庆年间。明朝中叶，望江楼只剩下了遗址。期间是否修葺或重建，史书上没有记载。清朝光绪年间，望江楼尚有文人雅士登临赋诗。之后就不复存在了。望江楼毁于何时，《绵阳县志》上只字未提，成为绵阳历史上的一个未解之秘。

■ 富乐山上的富乐阁全景

从此，越王李贞每年春天都去富乐山祭拜天地山川、风雷云雨，以祈祷绵州风调雨顺，五谷丰登，六畜兴旺，万民乐业。

祭拜仪式非常隆重，李贞命人在高坛四周遍竖彩旗，迎风飘扬。仪式开始，礼炮齐鸣，鼓乐喧天。李贞焚香在手，健步登坛，拜天、拜地，拜四方神祇，表情严肃，一一如仪。

绵州经过越王李贞几年的治理，面貌发生了极大的变化：边患减少，窃贼敛形，商旅通畅，市井繁华，文气大增，民风向善。州人安其居，乐其业，一派太平景象。

也因此，越王李贞得到了绵州州人的大力拥护。李贞心中自然也是非常高兴，于是，他不时请来州内的一些名士，或上越王楼，或去望江楼，一起饮酒赋诗，相互唱和，尽欢而散。

■ 富乐阁上的匾额

在我国历史上，它与南昌滕王阁、武汉黄鹤楼和湖南岳阳楼齐名，被称为我国唐代"四大名楼"。唐代时期的越王楼，规模宏大、富丽堂皇，堪称唐代四大名楼之首，相比其他名楼如：滕王阁高30米、黄鹤楼高20米、岳阳楼高13米。

李贞"刺绵有政声，惠政迭出，气象一新，州人莫不怀德畏威"，后虽被武周皇帝武则天所害，但仍被历代文人名士所怀念，因此越王楼也是久负盛名，吸引了大批著名的文人骚客登临，并留下了名作诗篇数百件，为天下名楼所罕见，它由此被誉为"天下诗文第一楼。

在唐代，著名的诗仙李白、诗圣杜甫、诗神李商隐和弘文馆学士卢柟都曾登过越王楼并赋过诗。

诗仙李白在少年时，就对越王楼很熟悉：他每次从彰明清莲乘船下梓州长平山安昌岩拜纵横家赵蕤为

武周 是唐朝皇帝李治的皇后武则天建立的王朝。690年，武则天废黜唐睿宗李旦称帝，袭用周朝国号，改国号为周，定都洛阳，改元天授，史称武周。武则天是我国历史上唯一获普遍承认的女皇帝，前后掌权40多年。武周仍然袭用唐制，武则天是武周朝唯一的皇帝。

■ 四川绵州越王楼

弘文馆 官署名。唐代武德年间置修文馆于门下省。后来，唐太宗李世民将其改名为"弘文馆"，藏书20余万卷，并安排学士"掌校正图籍，教授生徒；遇朝有制度沿革、礼仪轻重时，得与参议"。置校书郎，掌校理典籍，刊正错谬。设馆主一人，总领馆务。

师，求学多年，他往返乘船或步行都必经绵州，其间数次弃舟登楼，而李白所作的《上楼诗》说的就是他登越王楼时的感受：

危楼高百尺，手可摘星辰。
不敢高声语，恐惊天上人！

762 年秋，诗圣杜甫在流寓绵州时，游历了越王楼。当他见到历时百余年后的越王楼依然壮观而气势不凡时，他万分感慨，便赋诗《越王楼歌》。

后来，此诗被赞为名人歌咏越王楼的诗词中，最有名气的千古绝唱：

绵州州府何磊落，显庆年中越王作。
孤城西北起高楼，碧瓦朱甍照城郭。

楼下长江百丈清，山头落日半轮明。

君王旧迹今人赏，转见千秋万古情。

诗神李商隐在登临越王楼后，曾写下《霜月》一诗赞叹道：

初闻征雁已无蝉，百尺楼高水接天。

青女素娥俱耐冷，月中霜里斗婵娟。

弘文馆学士卢栯也游览了越王楼，并赋诗《和于中丞登越王楼作》：

图画越王楼，开缄慰别愁。

山光涵雪冷，水色带江秋。

云岛孤征雁，烟帆一叶舟。

向风舒霁景，如伴谢公游。

阅读链接

在越王楼题诗方面，唐代诗仙李白与唐代诗圣杜甫所题各有不同。据说，李白之所以不题为"上越王楼诗"，是为了避讳。因越王李贞父子被武周皇帝武则天诛杀，到714年李白写诗时尚未平反。所以他就采用了避实就虚的夸张手法，题作《上楼诗》。

而杜甫则不同，他的《越王楼歌》写于762年，那时越王李贞父子已被昭雪并被陪葬唐太宗李世民的昭陵，因此他直抒胸臆"绵州州府何磊落，显庆年间越王作。……君王旧迹今人赏，转见千秋万古情。"

宋代以后越王楼几经重建

据说，唐末宋初时，绵州越王楼被一场大火烧毁大半。经维修改建，到南宋时，越王楼风光依然。南宋著名大诗人陆游于1172年调任成都府路安抚使参议官，"细雨骑驴入剑门"后，路经绵州，就登临越王楼，写了两首登楼绝句：

绵阳越王楼

上尽江边百尺楼，倚栏极目暮江秋。
未甘便作衰翁在，两脚犹堪踏九州。

葡萄酒绿似江流，夜宴唐家帝子楼。
约住笙弦呼羯鼓，要渠打散醉中愁。

极为巧合有趣的是，诗中的"上尽江边百尺楼"，与诗仙李白的"危楼高百尺"如出一辙，似可互为印

证，说明南宋时越王楼的高度仍为100尺。

■ 绵阳越王楼一侧

此外，陆游在他后来所作的《寄答绵州杨齐伯左司》一诗，又一次盛赞了越王楼：

> 磊落人为磊落州，滕王阁望越王楼。
> 欲凭梦去直虚语，赖有诗来宽旅愁。
> 我老一官书纸尾，君行千骑试遨头。
> 遥知小寄平生快，春酒如川炙万牛。

南宋著名画家赵伯驹所作的越王楼图轴，对当时的越王楼美景也作了生动、细致的描绘。

到了元代，元朝对越王楼又进行了大规模的修复。元代界画高手李荣瑾的画曾对越王楼进行过描述，元代著名诗人吕诚也曾写诗《越王楼观灯》颂：

> 午昼水轮烂不收，又看春色满绵州。

陆游（1125—1210），字务观，号放翁，浙江绍兴人。南宋诗人。少时受家庭爱国思想熏陶，高宗时应礼部试，为秦桧所黜。孝宗时赐进士出身。中年入蜀，投身军旅生活，官至宝章阁待制，晚年退居家乡。他创作的诗歌很多，存9000多首，内容极为丰富，多为抒发政治抱负，反映人民疾苦。抒写日常生活的，也多清新之作。

在明代初年，越王楼也重修过一次，明代进士徐楠还写了《越王台》诗：

山上高楼百斗齐，一州名胜冠川西。
越王已去风流在，赢得诗人细品题。

后来，明代万历年间的一场大火又将其彻底烧毁。据后来考证，其建筑遗址的平面呈12米长、14米宽的矩形，遗存有青花瓷100余片。其中，在有一块青花瓷片上清晰地刻有"越台常在"四字。

此外，遗址比较重要和完整的器物就有30余件，其中以青铜箭头、彩色釉面砖瓦、白釉陶器、青花瓷器、青瓷器、大尺寸的瓦当和镇山兽和圆形为主要特色，文化内涵十分丰富，有很高的艺术鉴赏价值。

在明末时，明朝对越王楼又进行了几度修复，但不久便毁于明末清初战火。清初时，清朝曾在越王楼废址筑北坛。清代果亲王曾写诗赞叹：

唐家弟子爱楼居，碧瓦朱薨半新故。

另外，我国清代戏曲理论家、诗人李调元也曾写诗说：

当时唐弟子，锡土守此邱。
美人卷珠帘，笙歌夜未休。

■绵阳越王楼

■ 越王楼楼门

清代著名画家张延彦所作越王楼图轴更是使历史上的越王楼名扬四方。

后来，曾盛极一时的大唐王府越王楼经历重建、续建后，终于重新耸立在涪江之滨，龟山之巅。

新楼为错层式结构，外八层内七层，高99米，坐落在南北长88米，东西宽66米的台基之上，由164根立柱，牢牢固定在龟山越王台上。

重建后的越王楼，气势特别宏伟。99米的高度仍为全国仿古建筑之最，如滕王阁高57.2米，黄鹤楼高52.6米，鹳雀楼高72米，岳阳楼高32米。它的建筑风格为仿唐出檐斗拱歇山式。

越王楼在形态上有它的"奇"特之处。楼的形体集历代古建筑的阁、楼、亭、殿、廊、塔于一体的建造法式，形成了奇观、壮丽之态。

例如楼的一层至五层有高斜墙、楼的底座有高8.9

斗拱　亦作"斗栱"，我国建筑特有的一种结构。在立柱和横梁交接处，从柱顶上的一层层探出成弓形的承重结构叫拱，拱与拱之间垫的方形木块叫斗。两者合称斗拱。也作枓拱、枓栱。由斗、拱、翘、昂、升组成。斗拱是我国建筑学会的会徽。

■ 越王楼楼门

吊脚楼 也叫"吊楼"，为苗族、壮族和土家族等族传统民居，在桂北、湘西、鄂西和黔东南地区的吊脚楼特别多，多依山就势而建，呈虎坐形，以"左青龙，右白虎，前朱雀，后玄武"为最佳屋场，后来讲究朝向，或坐西向东，或坐东向西，属于半干栏式建筑。

米的平台，这是阁的特征；十层至十三层显示吊脚楼、外走廊和双扇门、窗，这是楼的特征；十五层是亭的特征；顶端宝顶高9.8米，形状似塔的特征；楼的二层南北两方向是殿宇特征；各层有外廊，而楼的整体外观造型恰似一个古代威武将军，背南向北而立，八至十层缩小，像将军颈部，顶部的宝顶、脊、吻似将军的头盔，而南面各层屋面似将军的披风。

每一层的内部建筑设计，各不相同，外部唐式昂斗飞檐歇山式风格的建筑和竹子式的琉璃瓦让人仿佛"梦回大唐"。

新建越王楼主要由"从唐代走来"、"追禹王雅韵"、"碧水摇活千载景"、"向绵阳望去"、"觅李白仙踪"和"涪江泛起万船诗"等主要景观组成。

"从唐代走来"采用拟人的艺术的手法，让越王楼穿过时间的隧道，带着厚重的历史文化底蕴从遥远的唐代走来，点明了越王楼诞生的年代。

"追禹王雅韵"表明了越王楼的重建是"大禹治水，造福于民"的精神延续和发扬。在远古时代出生于绵阳的大禹就谱写了一篇"兴修水利，万民景仰"的壮丽史诗，那高雅和谐的韵律焕发了新时代科技兴城的恢宏气势。

"碧水摇活千载景"既说明了毁于明末战火的越王楼"复活"了，又折射出民族的复兴，国家的兴旺发达。一个"景"字，让人联想到美丽壮观的万般景象在碧水蓝天的映衬下更加多姿多彩。

"向绵阳望去"将越王楼赋予了人的神情和动作，后来的绵阳让越王楼露出了惊喜的眼神和惬意的微笑。

"觅李白仙踪"在绵阳的历史天空中，回荡着诗仙李白的豪迈与飘逸，散发着浓郁的文化气息。

"涪江泛起万船诗"描写涪江中千帆竞过，渔舟唱晚，游人如织、如诗如画的繁荣景象。重建的越王楼规模宏大，气势雄伟，亭阁星罗，充满了诗情画意。

在古代名楼中，天下诗文收录最丰富的为越王楼，共收录自唐至清历代大诗人题咏越王楼的名篇多达154篇，而黄鹤楼为112篇，滕王阁为86篇，岳阳楼、鹳雀楼虽有名诗文，但并不多。

■绵阳越王楼夜景

飞檐 我国传统建筑檐部形式之一，多指屋檐特别是屋角的檐部向上翘起，若飞举之势，常用在亭、台、楼、阁、宫殿、庙宇等建筑的屋顶转角处，四角翘伸，形如飞鸟展翅，轻盈活泼，所以常被称为飞檐翘角，是我国建筑民族风格的重要表现之一。

绵阳越王楼

据考证，对这座宏大富丽的越王楼及它的遗址的描述，历代诗文中仅收入全唐诗的就有20多篇，绵阳县志专门记载了15位诗人名宦讴歌越王楼的诗词。因此有"一座越王楼，半部文学史"的美誉。

诗文作者档次最高，除诗仙李白、诗圣杜甫外，还几乎涵盖唐代以后的著名诗坛泰斗，被誉为"天下诗文第一楼"。在历代名人歌咏越王楼的诗词中，最有名气的当属杜甫、陆游和李调元等的诗作。

同时，因其卓越风姿及规模，名声之盛，历代画界精英竞相描绘。宋代赵伯驹、元代李荣瑾、清代张延彦所作越王楼图轴更是使历史上的越王楼名扬四方。

阅读链接

传说，越王楼除外形寓意着一个文武全才的将军，胸怀大志、时刻听从召唤，兴邦为民，祈福国泰鼎盛、一方平安，它在数字运用含意上也称"奇"。

越王楼主楼基底东西宽66米，祈福绵阳人做任何事情都顺利；南北长88米，祈愿绵阳大发展，百姓大发财；楼高99米，是恭祝绵阳至尊向上、百姓九九长寿！宝顶高9.8米，是预示长久发展。

此外，各层楼室外挂的宫灯总数199盏；主楼正南面的石梯步共139步，分别宽18米和3.9米。而这些"三、六、八、九"都是吉祥数字，真是无不称奇。

嘉兴烟雨楼

烟雨楼最初位于浙江嘉兴南湖之滨，始建于五代后晋年间，为广陵郡王钱元辽所筑"登眺之所"。

1548年时嘉兴知府赵瀛迁建至湖心岛上，后经历代修缮、扩建，逐渐成为具有显著园林特色的江南名楼，而"烟雨楼"则成了湖心岛上整个园林的泛称。

烟雨楼建筑面积640余平方米，自南而北，前为门殿，后有楼两层，回廊环抱，可沿石磴盘旋而上。主要建筑有青杨书屋、对山斋、八角轩、四角方亭和六角敞亭等。每当夏秋之季，烟雨弥漫，不啻山水画卷。

烟雨楼因杜牧诗意而得名

　　嘉兴位于浙江东北部，历史悠久，文化灿烂。五代十国时期，吴越国在嘉兴设置开元府，嘉兴从此自苏州分离出去，领嘉兴、海盐、华亭三县，这是嘉兴首次设州府级政权。

　　嘉兴城外有两个湖，一个在城南，名滮湖，又称南湖；另一个在城西南，名鸳鸯湖。这两个湖泊后来一般总称为南湖。

嘉兴烟雨楼

■ 烟雨楼远景

908年，吴越王钱镠建国。吴越王的第四子钱元琼在滮湖畔建台榭，以为"登眺之所"。

1129年，金兵开始南侵，第二年，金兵兵锋直指嘉兴，金兀术亲自率军攻打嘉兴。在这场战事中，连同钱氏台榭在一起的许多楼阁都不幸被毁。

约1141年，宋高宗赵构和金朝和议，把自东起淮水中流，西到陕西宝鸡县西南的大片国土，献给金朝，形成了"偏安江左"的局面。

由于农业生产发达的江、淮、湖、广诸地区都在南宋境内，再加上北方人们纷纷南迁，加速了生产技术的交流，从而推动了南方经济的发展。

随着江南经济逐渐繁荣，南宋王朝就大兴土木、营建都城临安，使杭州、嘉兴、湖州等地空前繁华。同时，各级地方官吏，也都纷纷修建华丽的楼台亭园，供自己居住。

台榭 我国古代将地面上的夯土高墩称为台，台上的木构房屋称为榭，两者合称为台榭。春秋至汉代，台榭是宫室、宗庙中常用的一种建筑形式，具有防潮和防御的功能。最初的台榭是在夯土台上建造的有柱无壁、规模不大的敞厅，供眺望、宴饮、行射之用。汉以后基本上不再建造台榭式的建筑，但仍在城台、墩台上建屋。

王希吕 生卒年未详，字仲行。安徽宿州人，南宋迁居嘉兴。他为官清廉，不置家产屋舍，定居嘉兴后，由朝廷赐造住宅，他为宣扬地方名胜，在钱元璙的台榭旧址上，略加修葺，使之恢复旧貌。由其后代相继拓治，建成烟雨楼，成为一方名胜。王希吕所建的楼阁，成了烟雨楼的一段重要历史。

■ 烟雨楼远景

在这个背景下，久已荒废的钱氏台榭旧址出现了一位新主人王希吕。

王希吕是南宋一位刚正廉洁的好官，是一位不惜拉着皇帝衣袖劝谏的刚直大臣。他退休后竟然没有钱买房子，以至于只能居住寺庙中。最后，皇上看不过去，赐给他钱造房子。《嘉兴府图记》记载：

嘉定间（1208—1224），吏部尚书王希吕致政还家，因旧址建楼，有缙绅遨游。

这里的"旧址"指的是钱元璙所造台榭遗址。王希吕拿着皇上给的钱开始在旧址上建楼，由其后代陆续扩建成烟雨楼。烟雨楼在澂湖之滨，园内亭台楼阁，布置精巧，山石树木，安排灵活，整个园林与碧波辉映。

相传，当时的"烟雨楼"之楼名取自唐代大诗人杜牧《七绝·江南春》中"南朝四百八十寺，多少楼台烟雨中"的意境。由于此诗在宋代广为流传，烟雨楼美名远扬，成为当时观赏湖光的最佳去处。官僚地主、文人墨客，登楼赋诗饮酒，日夜笙歌不绝。

■ 嘉兴烟雨楼的姊妹楼望湖楼

大约1229年，"烟雨楼"三字开始在文学辞章中活跃起来，这说明作为一方名胜，其地位日渐提高。最早提到"烟雨楼"三字的，是南宋大臣吴潜，吴潜当时在秀州任通判，这首《水调歌头·题烟雨楼》描写了湖畔风光，抒发了作者心志，是一首佳作：

　　有客抱幽独，高立万人头。东湖千顷烟雨，占断几春秋。自有茂林修竹，不用买花沽酒，此乐若为酬。秋到天空阔，浩气与云浮。

　　叹吾曹，缘五斗，尚迟留。练江亭下，

吴潜（1195—1262），字毅夫，号履斋，安徽人。他为人正直不阿，无论是在地方任职，还是权掌六部，他都以正直无私、忧国忧民、忠义爱国闻名。吴潜还是南宋词坛的重要词人，他的词风激昂凄劲，慷慨悲怆，题材广泛，主要是抒发济时忧国的抱负，也常吐露个人理想受压抑的悲愤。

长忆闲了钓鱼舟。短更飘摇身世，又更奔腾岁月，辛苦复何求。咫尺桃源隔，他日拟重游。

约1270年，名噪一时的王氏烟雨楼，约于建成后50年左右，不知是何种原因归属于了高文长高氏园中，成了高氏烟雨楼。

1276年，元兵伯颜入侵临安，嘉兴又遭到了一次兵燹，但破坏程度史书上没有记载。史书上也没有记载烟雨楼的毁损情况。

烟雨楼在元朝近百年中，很少有人提及。直到元末，世称元四家之一的大画家、梅花道人吴镇，在他的一首词的序言中说："春波门外，旧日高氏圃中烟雨楼。"

由此可见，元末时烟雨楼还在，只是高氏花园已经荒芜不堪了。

到了元末农民起义，张士诚在1357年从苏州攻嘉兴，当时嘉兴守将苗人杨完者曾与其在嘉兴外围进行拉锯战。杨完者的苗军毫无军纪，烧杀抢掠，无恶不作。嘉兴城乡生灵涂炭，这就是史称的杨苗之乱。在这场战乱中，高氏烟雨楼遭到最后的致命一击，终致毁弃。

阅读链接

五代时，广陵王钱元辽在湖畔建楼舍为"登眺之所"，开创了南湖之畔登高望湖的风雅之举。此人成了历史上有记载的第一个对南湖自然风光感兴趣的名人。

从此之后，但凡在当地有一定财势的，都以在南湖边兴建私家园林为荣耀，由此形成了嘉兴私家园林的兴盛期。

有了园林作为依托，当地大批的文人名士在南湖边吟诗、作画、听戏，以此为时尚。后来，南湖的名气渐渐大了，外地有名的文人墨客慕名来游，留下了美誉和佳作，给南湖风光增添了不可或缺的诗情画意。

烟雨楼由湖畔迁至湖心岛上

　　明代嘉靖年间，长江三角洲一带和杭、嘉、湖诸府，已成为国内市场的中心区域，各地府县都重视农田水利建设和发展农业生产。

　　1545年，陕西三原人赵瀛来嘉兴任知府，见河道已有一百多年未曾疏浚，淤塞现象严重。于是在1547年，赵瀛动工疏浚城河，以利农田灌溉和舟楫来往。

嘉兴南湖湖心岛风光

知府 古代官名，是宋代至清代地方行政区域"府"的最高长官。唐代以建都之地为府，以府尹为行政长官。宋代升大郡为府，以朝臣充各府长官，称以某官知某府事，简称知府。明代以知府为正式官名，为府的行政长官，管辖所属州县。清代沿明制不改。知府又尊称太守、府尊，也称黄堂。

赵瀛发动民工用船只将河中淤泥运到湖中，填成一个小岛。面积约17亩的湖心小岛，四面环水，俗称"湖心岛"。最终用了一年时间才完成了这项工程，这在当时对于嘉兴的水利建设和发展农业生产起了一定的作用。

知府赵瀛见湖中小岛的周围风景很美，心想如果能建造一座楼台，种植一些花木，必能成为嘉兴突出的游览胜地。

1549年，赵瀛在民意下，开始动工兴建楼台。在两个月间，他集中了大量人力和财力，建起了楼房五间。从此湖心小岛上青瓦粉墙，缀以长廊小桥，曲折相通；青桐银杏，林荫径幽；登楼骋目远眺，饱览胜景，使风光秀丽的南湖，增添了迷人的景色。

湖心楼台的建成，距高氏花园中的烟雨楼的荒废，已有近两百多年了，却没有将楼取个新名，仍

■ 烟雨楼匾额

用烟雨楼的旧名。当时也有人称此楼为"疑楼",或许是取"似雨疑烟"之意吧!

高氏园中的烟雨楼虽然早就没有了,但是在这许多年来,由于烟雨楼的迷人景色,在人们心目中仍记忆犹新,一些文人墨客,时时道及当年的繁华景象,就像烟雨楼还存在着一样。

所以当湖心楼建成后,就自然沿用了烟雨楼的名字。从此,烟雨楼就由湖滨移入湖中的小岛上。

烟雨楼落成后,知府赵瀛的下官范言作了《重建烟雨楼记》,刊碑石立在烟雨楼后。范言的《重建烟雨楼记》开首便说:

郡守山左赵公,重建烟雨楼成。

自从嘉兴知府赵瀛重建烟雨楼起,这座在嘉兴人心目中引以为自

兵备道 官名。明代置于各省重要地区。明洪熙年间始置，本为整理文书，参与机要的临时性差遣。弘治年间，遍置于各省军事要冲，是整顿兵备的"道员"，称为"兵备道"，掌监督军事，并可直接参与作战行动。此官由按察使或按察金事充任，是分巡道的。

豪的名楼，开始有了比较详确的记载，成为各个历史阶段时代风云的见证！

据明代《嘉兴县志》记述：

> 澎湖亦称南湖，西侧灯含窘渚，北则虹饮濠梁。倚水千家，背城百雉，蒹霞杨柳，菱叶荷花，绿漫波光，碧开天影，雕舷笙瑟，靡间凉燠，此一方最胜处也。

此后，由于倭寇作乱，烟雨楼多有损坏。直至1571年，嘉湖兵备道沈奎才重修了烟雨楼，并作《烟雨楼赋》。沈奎还在楼前临湖处垒了一石台，以"极目从游，浩然远适"。

1581年，龚勉任嘉兴知府。他刚到嘉兴上任不久就与朋友、同事登临烟雨楼，见"楼已圮不可登"，

■ 嘉兴南湖凉亭

不禁喟然感叹说："此郡之大观也，岂宜久湮？"

■ 烟雨楼及"钓鳌矶"

于是，1582年，龚勉主持重修了烟雨楼。"楼仍其朴，而易其材，务令可久。"他把沈奎之前垒在楼前的石台增高，并列级而降，以便临湖垂钓。

与此同时，他将该石台命名为"钓鳌矶"，亲自写下了"钓鳌矶"三个大字，刊成石碑，嵌在石台之下，以示期望嘉兴府城中的读书人，在进京赴试时都能得中功名，独占鳌头。

据说，就在"钓鳌矶"筑成的第二年，嘉兴县举人朱国祚果然就应了"钓鳌"的吉兆，得中了状元。从此之后，烟雨楼不再仅仅作为登临游览的胜地，而是成为"有关一郡文风"的象征。

1583年，龚勉在烟雨楼前，建造了一座以供奉观音菩萨的大士阁，并列入了"瀛洲胜境"之一。从此烟雨楼不再单纯是一个游览之地了。大士阁坐南朝北，面对城墙。

状元　就是在封建社会中，科举考试的最高一级选拔出来的或者经皇帝认定的第一名。自古以来，在漫长的中国历史中存在着文治武功。人们已经习惯于一方面"以文教佐天下"也就是叫教化民众，维护社会太平；另一方面"以武功戡祸乱"也就是保护国家安定、巩固国家政权。一文一武，相得益彰，有文状元和武状元之分。

进士 我国古代科举制度中，通过最后一级中央政府朝廷考试的人称为进士。是古代科举殿试及第者的称呼。意思是可以进授爵位的人。隋炀帝大业年间始置进士科目。唐代也设此科，凡应试者称为举进士，中试者都称为进士。元、明、清时期，贡士经殿试后，及第者皆赐出身称进士。

站在烟雨楼上，可"左凭郊野，诸园亭榭，近列槛前。右俯城郭，华屋万家，毕入望内。其环湖以居者，又相为映带，而湖波浩涉，一望烟雨杳霭，恍然蓬瀛也。"

重修烟雨楼之后，龚勉亲自写了一篇《重修烟雨楼记》以记其事。此外，他还著有《烟雨楼志》四卷，但该书后来失传。

龚勉在嘉兴任知府时，除了重修烟雨楼，恢复名胜古迹外，还开浚城河，便利农田灌溉，方便舟船往来，做了一些对百姓有益的事情，民众大为称赞。

1588年，龚勉因政绩卓著，升任浙江右参政，掌管金华、衢州和严州三府。两年后又升按察使，接着又升任为浙江右布政使。

在龚勉任嘉兴知府时，当时有人将烟雨楼荷花池畔的一座亭子改作了龚公祠，用来纪念他为嘉兴人民

■ 嘉兴南湖风光

■ 烟雨楼大堂内部
陈设

所做的功绩。

当时，龚公祠祠中置有祠产水田若干亩，该项收入由祠内和尚掌管，用来支付春秋二季祭祀。

据史料记载，明代时，外地有不少人都知道嘉兴有"烟雨楼"。

明代著名诗人、隆庆年间进士陈履邀友登烟雨楼后，写有《春日邀彦吉集烟雨楼》，对南湖及烟雨楼景观进行了一番盛赞：

秀州城南烟水多，当年此地频经过。
同游俱是高阳侣，临风呼酒还悲歌。
湖上高楼锁烟雨，岁久荒凉已非故。
周遭雨浦只菰蒲，来往烟汀但鸥鹭。
此时游客皆大惊，一方胜景徒有名。
酒酣倚剑湖天暮，唏嘘咸噗空含情。

陈履 本名天泽，字德基，号定庵，祖父陈志敬，为明代乡贤。他自幼受贤良薰陶，遂承祖训。1571年，他名登进士榜。陈履为官20余年，家业田产依旧无增，世称廉洁之官。陈履关心家乡盐民疾苦，多次上书朝廷，为民请免赋税、徭役，乡亲感念他的恩德，后人建祠，把他与祖父志敬一起供拜。

■ 烟雨楼内部木刻
简介

董其昌（1555—1636），明代书画家。字玄宰，号思白、香光居士。他擅画山水，以佛家禅宗喻画，倡"南北宗"论，为"华亭画派"杰出代表。其画及画论对明末清初画坛影响甚大。他的书法出入晋唐，自成一格。存世作品有《岩居图》《秋兴八景图》《昼锦堂图》等。著有《画禅室随笔》《容台文集》等，刻有《戏鸿堂帖》。

不堪岁月随流水，世路萍踪渺难疑。

镜里星霜十二秋，眼中烟水三千里。

今日重来觅旧游，更邀词客同登楼。

雕窗洞豁霞光入，倚槛交疏翠色浮。

翠色霞光纷不了，词客凭虚驰吟眺。

豪怀勃勃薄晴霄，共倚春风发长啸。

人间世事多乘除，向时感慨今欢娱。

与君五进杯中酒，风光此后知何如。

1600年，嘉兴知府刘应钶又度修楼。

1605年，当时擅长书法的董其昌游览烟雨楼。滮湖此时已经改称为放生池，董其昌写"鱼乐国"碑，立于放生池边。车大任撰《鱼乐国碑记》。

1632年，烟雨楼不幸失火，嘉兴知府李化民再度重新建楼。官员岳元声撰写《重建烟雨楼碑记》。文学家李日华将《重建烟雨楼碑记》勒石立碑。

明末官员吴昌时在嘉兴南湖西北岸，面对烟雨楼大门，兴建了一所私家园林，它临水而筑，并伸进南湖，园林一半在湖中。此园初建时，称为"南湖渚室"，或称作"竹亭湖墅"，后来改称为"勺园"，是因为有种说法是其形像一把勺子。

1640年，诗人钱谦益游览烟雨楼时，与当时的名妓柳如是就是在此园中定情的。后来吴昌时被杀，勺园迅速没落，最终成为渔村。

1644年年，清兵入关，建立清朝。1646年，嘉兴人民抗清斗争失败，致使烟雨楼被毁，"鱼乐国"碑被盗卖到了平湖。

也就是说，嘉兴烟雨楼自1549年知府赵瀛创建于湖中小岛上，其后经过多次重修、扩建，成为江南一座名楼。然而抗清一战，使她自1645年后大约30多年的时间里，化为一片废墟，只保存了一个名称，成了诗人们怀古伤今的凭吊之所。

阅读链接

在南湖的风景中，登高望远的，还有湖边的塔寺。与烟雨楼紧邻的小南湖边的壕股塔、西南湖边的真如塔，都是休整身心的好去处。

1089年，北宋著名文学家苏轼被贬杭州后就曾去那里散心。那年冬天，他和父亲及弟弟一行人到嘉兴南湖游玩。三人游完南湖，登真如塔，最后到真如寺时，正值大雪纷飞。

寺内和尚见三人乃名闻天下的三苏，立即去挑水烧茶。

苏东坡手指积雪道：不必挑水了，我们煮雪泡茶，岂不更有诗意。

三人喝了数杯暖肚后，就开始对联作文，"东塔寺和尚朝南坐北吃西瓜；春水庵尼姑自夏至冬穿秋衣"……

在那个大雪天里，这个煮雪泡茶作对联的雅事，就被后来的文人传抄了下来。

乾隆帝下江南多次登楼题诗

　　1650年，以吴伟业为首的清初江南名士、著名诗人、词人钱谦益和陈维崧等云集在南湖举行了十郡大社，连舟百艘，吟咏不绝，盛况空前。

　　其中，如吴伟业的《鸳湖曲》中道：

■ 烟雨楼楼阁建筑

烟雨迷离不知处，旧堤却认门前树。
树上流莺三两声，十年此地扁舟住。

■ 烟雨楼楼阁内景

1657年，许焕任嘉兴知府，游烟雨楼作《烟雨楼》诗。第二年，许焕领衔《重建烟雨楼题名碑》勒石。1660年，许焕开始重建烟雨楼，谁知他也因此被弹劾撤职。

1675年，卢崇兴任嘉兴知府。两年后，卢崇兴开浚城河，增高烟雨楼地基，并作《重建烟雨楼疏》，为重建烟雨楼作准备。

1678年，卢崇兴离职，重建烟雨楼未成。季舜有任嘉兴知府。

1681年，嘉兴知府季舜有在重建烟雨楼的同时，在钓鳌矶东南重建了"龚公祠"，并查考收回龚公祠

吴伟业（1609—1672），明末清初诗人，与清初词人钱谦益、龚鼎孳并称"江左三大家"，又为娄东诗派开创者。擅长七言歌行，初学"长庆体"，后自成新吟，后人称为"梅村体"。代表作有《永和宫词》《洛阳行》《萧史青门曲》和《圆圆曲》等。

楼阁雅韵

神圣典雅的古建象征

■ 烟雨楼亭院

总督 为清朝时期对统辖一省或数省行政、经济及军事的长官的称谓，尊称为"督宪"、"制台"等，官阶为正二品，但可通过兼兵部尚书衔高配至从一品。与只掌握一省行政事务的巡抚不同，总督兼管数省，同时在政务之外也兼掌军务。

被毁期间被地方势力所占的田产。清初书法家盛枫撰有《龚公祠祭田碑记》详细记载了这件事情。

不久，知府季舜有就离职了。此外，曾于清初被盗的"鱼乐国"碑，在这次重建中被追回置于故址。

1685年，烟雨楼建成。新任嘉兴知府袁国梓游烟雨楼。并将仁文书院迁至烟雨楼。仁文书院是读书人会文的地方。

1689年，康熙皇帝爱新觉罗·玄烨首次南巡，因而嘉兴官府在烟雨楼种植了不少花木。在1730年时，浙江总督李卫游烟雨楼后，不仅写下《烟雨楼记》，还下令重修烟雨楼。

乾隆帝曾六下江南，每次都去嘉兴，多次登上烟雨楼。为了迎接皇帝登临，嘉兴知府曾经对烟雨楼进行过大规模的整修。

整修后，烟雨楼基本上改变了原来的面貌，最主要的几处如：烟雨楼主楼由以前坐南朝北改建成了南向，面对城垣的建筑格局。

此外，旧时烟雨楼的河埠在北畔堤上，就是竖立"鱼乐国碑"的地方。由于大楼改换了方向，原有的石埠失去了作用，于是在东岸堤上，重新建造了一座大石埠，与盐仓桥遥遥相对。

当时，在烟雨楼大楼前湖畔有两个亭子，分居左右，为浮玉亭和凝碧亭。在改建了大石埠后，因用围墙将烟雨楼和湖堤隔绝，这两个亭子就失去了原有的地位。于是，这二亭都被拆除，在其旧址旁改建了"凝碧阁"。烟雨楼前面的大士阁也改建在烟雨楼的侧面，改称"大阁殿"，额名小普陀。

自烟雨楼改成了朝南向，紧靠烟雨楼大楼后的"栖凤轩"变成了在楼前，成了大楼前的一个装饰品，使烟雨楼显得更加雅致美观。

此后，嘉兴民间建造堂楼，在楼前必依照烟雨楼的式样，加上一个轩，即后人所谓"反轩"，一度成为嘉兴建筑工艺上的一个特殊风格。

据说，乾隆帝之所以对烟雨楼流连忘返，一再赋诗，始于唐代著名诗人杜牧《七绝·江南春》中的"南朝四百八十寺，多少楼台烟雨中"美妙诗句的影响。

而且乾隆帝一去嘉兴，也不由自主地迷恋上了风景幽美的南湖，明爽

■ 嘉兴南湖御碑亭

嘉兴南湖烟雨楼御碑亭

秀丽的烟雨楼，而且他每次前去，都写有诗篇，以记其游。

1751，乾隆帝开始第一次南巡，从北京出发，至苏州后，自吴江到嘉兴，过嘉兴时驻跸在秀水县北教场大营，就是北门外杉青闸对面的御花园，而且乾隆帝指名要上烟雨楼。自此，烟雨楼开始关闭，禁止游人登楼。

次日，游览烟雨楼后，他写有七律《烟雨楼用韩子祁诗韵》诗记其事：

> 春云欲泮旋蒙蒙，百顷南沏一棹通。
>
> 回望还迷堤柳绿，到来才辨榭梅红。
>
> 不殊图画倪黄境，真是楼台烟雨中。
>
> 欲倩李牟携铁笛，月明度曲水晶宫。

事隔6年后，乾隆帝于1757年第二次南巡，旧地重游，写下了《题烟雨楼》诗：

杨柳矶边系画舟，六年清跸重来游。

素称雨意复烟意，漫数处州还沅州。

诗句全从画间得，云山常在镜中留。

鸳湖依旧谁相识，懒惰无心问野鸥。

由于上次登烟雨楼时，因天雨湖上烟雾迷茫，未能眺望远景，引以为憾。这次重游适逢天气晴好，于是乾隆帝诗兴大发，又作了一首《烟雨楼即景》诗：

不蓬莱岛即方壶，弱柳新黄清且都。

烟态依稀如雨态，澎湖消息递西湖。

自宜春夏秋冬景，何必渔樵耕牧图。

应放晴光补畴昔，奇遐毕献兴真殊。

■ 《烟雨楼即景》
碑刻

在此诗中，乾隆帝把"烟雨楼"比作"蓬莱仙岛"，把"南湖"比作杭州的"西湖"，觉得天然美景足以畅怀，不需要什么人来献"渔樵耕牧图"了。

1762年，乾隆皇帝第三次南巡。到苏州，旋即至嘉兴游览烟雨楼及三塔寺。因三塔寺中建有煮茶亭，乾隆此次逗留期间，兴致所至，御笔一挥，赐名"茶禅

西湖 也就是杭州西湖，位于浙江杭州西，它以秀丽的湖光山色和众多的名胜古迹而成为闻名中外的旅游胜地并被世人赋予"人间天堂"的美誉。历代文人墨客到此游览，写下不少著名诗篇，宋代大文豪苏东坡以"欲把西湖比西子，淡妆浓抹总相宜"，描述杭州。

乾隆南巡图

寺"。他还写下《再题烟雨楼》：

> 未年丑岁两经行，烟雨都逢副盛名。
> 欲讶今番出新样，自过江后总开晴。
> 柳丝窣地折腰舞，梅朵烘春笑口迎。
> 更上高楼聊极目，水村近远望分明。

之后，回銮过嘉兴，乾隆帝复登烟雨楼，与前两次不同的是，乾隆帝这次未驻跸嘉兴，却两次登烟雨楼。在烟雨楼作了《再题烟雨楼》诗后从杭州回銮过嘉兴，又去烟雨楼，写下了《复游烟雨楼》：

> 前度晴中阅春景，今朝雨后赏烟光。
> 轻阴犹恋波澜意，细籁都含花木香。
> 果然名实善相随，百尺楼高悦目时。
> 试看浅烟方淡荡，便教不雨也迷离。

乾隆帝在烟雨楼上一吟再吟，而其诗兴似乎并没有稍减，后来他提笔题了一首《烟雨楼叠旧作韵》诗，总算为这次的登楼赋诗画上了一个句号：

烟丝罥柳柳丝蒙，雨意迎人人意通。
自是云容盟水态，并宜草绿藉花红。
奚称处括沔阳彼，总在天高地厚中。
耕织图诗屏宛在，不殊惇史惕深宫。

过了三年，1765年乾隆帝第四次南巡游烟雨楼后，作了《游烟雨楼即景杂咏》四首：

烟雨今朝烟雨无，眺吟畅好不模糊。
菜花黄映麦苗绿，所喜犹然在此乎。

■ 乾隆赐名的嘉兴茶禅寺

即景无过遣兴题，过誉老笔注金铢。

楼前一对玉兰树，直与楼檐开并齐。

近涯野艇不谯诃，渔乐凭看乐若何。

讶似天孙机杼张，锦端来往织仙梭。

船泛春波天上坐，楼称烟雨霁中来。

韶光陶冶无告后，庭际辛夷盆裹梅。

半个月后，由杭回銮过嘉兴，乾隆帝再次登烟雨楼，作了《再游烟雨楼诗》：

南去北还半月余，濠湖楼阁只犹初。

墨辛夷纵花全谢，紫碧桃方朵艳舒。

波态含烟欲藏舫，云容酿雨正如车。

循名奚要惟晴好，念在蚕筐为麦锄。

■ 嘉兴烟雨楼

这首诗作成后，乾隆帝兴犹未阑，又作《题烟雨楼》诗。

> 岩峣无地起楼台，一棹宛如镜里来。
> 问孰宜烟更宜雨，合称惟柳复惟梅。
> 韶光艳裔为屏匝，漪影空明映座开。
> 钱赵王孙诗与字，却因吟玩久延陪。

　　据说，乾隆这四次南巡六登烟雨楼，诗兴如此之浓，都与他的文学侍臣钱陈群的唱和关系很大。钱陈群是乾隆时的内阁学士，刑部侍郎。钱陈群善诗词文学，为乾隆著名的五词臣之一。

　　乾隆第五次南巡已时隔15年，即 1780年，是乾隆70大寿。这一次，乾隆帝游览烟雨楼后，作了《题烟雨楼》诗：

> 祇疑瀛泛到云来，镜里楼台熟路开。
> 四面波光烟雨意，无边春景咏吟材。

赵孟頫（1254—1322），元代著名画家，古代"楷书四大家"之一。他博学多才，能诗善文，懂经济，工书法，精绘艺，擅金石，通律吕，解鉴赏。特别是书法和绘画成就最高，开创元代新画风，被称为"元人冠冕"。他也善于篆书、隶书、行书、草书，尤以楷书和行书著称于世。他的代表作品有《赤壁赋》和《鹊华秋色图》。

今斯今也昔斯昔， 柳尚柳兮梅尚梅。
一读钱家诗赵句， 怆然弗忍更徘徊。

在诗中，风流自赏的乾隆帝不无感慨地在悼念故臣钱陈群，"一读钱家书赵句"，楼中钱陈群写赵孟頫《耕织图》诗屏仍在，而这次登楼距他的爱臣钱陈群去世已有整整六年了。

钱陈群比乾隆大25岁，原籍嘉兴，在京城南书房任职，常为皇帝讲解经史。

乾隆与他谈今论古，称为"故人"，后官至刑部左侍郎，20多年前因病告老还乡。

乾隆几次南巡过嘉兴，钱陈群都随地方官员前往迎送。六年前钱陈群去世，这次地方官员都来了，独缺这位"故人"，怎么不伤心呢？当晚乾隆题诗一首，见物思人，差点掉下眼泪。

■ 嘉兴南湖景观

　　乾隆对烟雨楼有着特殊的爱好，这次登烟雨楼除了赋诗及与词臣们联句唱和外，还在舟中仿北宋著名书画家米芾笔法绘了"烟雨楼图"，一贮内府，一贮浙江。同时，他还命画师绘了"烟雨楼全貌图"。

　　回京后，乾隆帝下令在河北热河避暑山庄仿建了一座烟雨楼。楼建起后，乾隆帝于避暑山庄欣然写下了《题烟雨楼二首》：

> 携图去岁兴工始，　断乎今年蒇事勤。
> 数典可知自元璙，　赓诗更以忆陈群。
> 最宜雨态烟容处，　无碍天高地广文。
> 却胜南巡凭赏者，　平湖风递芰荷分。

> 十五年违烟雨楼，　昨春未免惜情投。
> 虽然写景原藏弆，　莫若肖形可泳游。
> 底论南吴及北塞，　敢忘后乐与先忧。
> 凭栏俯视清泠镜，　武列鸳湖异水不。

米芾（1051—1107），北宋书法家、画家，书画理论家。世号"米颠"，书画自成一家。他善诗，工书法，精鉴别。擅篆、隶、楷、行、草等书体，长于临摹古人书法，达到乱真程度。宋四家之一。代表作品有《草书九帖》《多景楼诗帖》《珊瑚帖》和《蜀素帖》等。

此后，他还在一首诗注中说：

庚子年南巡旋跸，携烟雨楼图归，游热河仿为之，至辛丑工成，情景宛然。

隔了四年后，1784年乾隆帝开始了第六次南巡，也是他在位时最后的一次巡游江南。在登上烟雨楼时，乾隆写下了永别烟雨楼的诗句——《题烟雨楼》：

春秋三阅喜重来，雨意烟晴镜里开。
承德奚妨摹画貌，嘉兴毕竟启诗材。
夏中让彼乏锦芰，春季饶兹对玉梅。
不拟南巡更临此，鸣榔欲去重徘徊。

其结句流露出75岁高龄的乾隆帝对烟雨楼景色的无限留恋，久久不忍离去。

阅读链接

据说，乾隆时期的烟雨楼中，始终有一样不曾改变，而有一样却有巨大的变化。

据说，历次乾隆帝南巡，烟雨楼楼厅中由钱陈群书赵孟頫绘的《耕织图》诗屏从不更换，而且乾隆诗中也常提及，写有"钱赵王孙诗与字"，"一读钱家书赵字"的诗句。

南向烟雨楼自明代嘉靖创建以来，都是坐南朝北，对着城垣。而乾隆初次南巡时，嘉兴地方官吏得知乾隆要来南湖烟雨楼，因为不能够叫皇帝面北而坐，所以才把原来的大楼改成了南向钓鳖矶了。

清代中后期的重建和扩建

1822年，嘉兴连年遭水灾，烟雨楼游客稀少，烟雨楼开始日渐衰败。至1860年，太平军攻克嘉兴，烟雨楼和大士殿均被毁。

1864年，许瑶光出任嘉兴知府后，他除了恢复农业、整饬军纪、恢复治安和消除匪患外，还特别重视教育，他一到任后就重修府学、试院，集资重建鸳鸯湖书院、重修嘉兴，秀水等县学，使嘉兴地区的

■ 绿荫环绕的烟雨楼

吴镇（1280—1354），元代画家。他擅画山水、墨竹，尤擅带湿点苔，水墨苍莽，淋漓雄厚。喜作《渔父图》，有清旷野逸之趣。墨竹宗文同，格调简率遒劲。他与元代书画家黄公望、倪瓒和王蒙合称"元四家"。他精书法，工诗文，著有《渔父图》《双松平远图》和《洞庭渔隐图》等。

教育很快得到恢复。

此外，许瑶光还在城乡浚河，筑桥，铺路，修塘，以发展农工商。他不慕权贵，革除丁税征收中的弊政，促进了生产发展，深得乡民爱戴。

许瑶光十分关注历史遗迹。1865年，他到南湖寻访烟雨楼旧址，栽桃李于湖堤，意欲复建烟雨楼。后来，他因地经兵燹，物力维艰，楼制崇闳，没能重建，而在楼址四旁建十数景，点缀南湖景色，以"补种荷花延白鹭，预栽杨柳待黄莺"。

1867年，许瑶光在湖心岛的渡口大石埠台阶上建造了一座门厅，面湖三楹，取名"清晖堂"，上书"六龙曾驻"匾额，以示皇帝曾在此驻跸。烟雨楼四周短墙曲栏围绕，四面长堤回环，入口处为清晖堂，门外北侧墙上嵌有"烟雨楼"石碑。

同时，他还作了《初秋游南湖时清晖堂落成》

■ 嘉兴南湖清晖堂

诗，并将收藏到的元代画家吴镇所画"风竹图"真迹摹刻碑石并题诗。"风竹图"笔墨潇洒，用笔劲爽，似可听到竹叶枝间的婆娑之声，有较高的艺术价值。

1869年，许瑶光又把南湖周围的景色，取了几个名称，为南湖八景题了诗又作了序，这还不算，至次年，许瑶光请秦敏树画了《南湖八景图》，把"八景诗"题在画上，刻成了碑石，在钓鳌台上建造了一个亭子，将碎石放在亭中，取名为"八咏亭"。

■ 清晖堂匾额

许瑶光的南湖八景分别是：南湖烟雨，东塔朝暾，茶禅夕照，杉闸风帆，汉塘春桑，禾墩秋稼，韭溪明月，瓶山积雪。

这"八景"取之于南湖烟雨楼及当时嘉兴城郊的各个古迹和景点，可惜大多后来都不存在了。

同年，许瑶光在烟雨楼兴工颇频繁，造了八咏亭后，又在烟雨楼遗址的东北，建造了三间平屋，取名"亦方壶"，并写了《构亦方壶于烟雨楼侧题壁诗并序》。诗云：

> 蓬莱在何许，缥缈不可求。
> 何如鸳湖去，咫尺见瀛洲。

1872年，许瑶光又在清晖堂左右各建有厢房，南

厢房 又称护龙，是指正房两旁的房屋，经常出现在三合院、四合院中，正房坐北朝南，厢房多为在东西两旁相对而立，我国传统文化中以左为尊，所以一般来说东厢房的等级要高于西厢房，而且在建筑上东西厢房高度也有所差别，东厢房略高于西厢房，但是差别很小，肉眼看不出来。

楼阁雅韵

神圣典雅的古建象征

蓬莱 又称为蓬莱山、蓬山、蓬丘、蓬壶、蓬莱仙岛等。实际上，早在秦始皇之前，"蓬莱"作为海上神山的名字就已经传开了。"蓬莱"作为地名，而不是神山名，最早有文字可考的记载见于唐代杜佑的《通典》："汉武帝于此望海中蓬莱山，因筑城以为名。"

■ 嘉兴南湖来许亭

厢房名菱香水榭，又称小蓬莱；北厢房名菰云簃，这二间都处在濒湖水边，风景佳丽。许瑶光又在一石两面，刻自书"福"字、"寿"字碑。

这一年，知府许瑶光因为任期已满，要去北京见皇帝。嘉兴的绅士们听说后，嘉兴民众在许瑶光临走之前，在烟雨楼西北，专门为他修建了一座亭子，并设宴为其饯行，纪念他"殚精竭虑，十年于兹"；颂扬他"公正廉明，为民办事"；盼望他"重来嘉兴，视事如初"。

"六月三日，相与扶老携幼，遮道攀辕，延公于亭。"面对父老乡亲的洒泪挽留，许瑶光安抚道，此去只是进京述职，旬月即返。

士绅闻言大喜："公既许我来也，适亭成未有名，名之曰'来许'。"

这便是"来许亭"的由来，意为希望许瑶光再来嘉兴。不久，许瑶光果然重回嘉兴，续任知府，了却了嘉兴民众的一片心愿。

■ 嘉兴南湖鉴亭

同年在来许亭的前面还建造了一座式样相仿的亭子，取名"鉴亭"。许瑶光写了《鉴亭铭》。

后来，清代诗人吴仰贤撰书《来许亭记》，清代书法家石中玉撰写了《来许亭额题跋》。

也是这一年，许瑶光喜得米芾真迹，他欣喜之余，摹刻《米芾真迹碑》于《鉴亭铭》石碑的反面，碑面露在鉴亭墙外，面向来许亭，供公众观赏。

另外，亭内后来还收藏有宋代苏轼为李方叔所书"马券"帖石刻，南宋岳坷的"洗鹤盆"，从古北口运来的硅化木等文物，以及后来的"画家蒲华墓志铭"碑刻及其他石刻。

1874年，由精严寺和尚贵诚，在紧靠亦方壶处，重新建造了"大士殿"，成为精严寺的下院。精严寺派了和尚管理香火，并担任洒扫亭园等杂事。大士殿

香火 指供奉神佛或祖先时燃点的香和灯火：来朝拜的很多，香火很盛。古时候香火也指后辈烧香燃火祭祖，故断了香火就指无子嗣。古时有一说，不孝有三，无后为大；即没有后代传承香火是最大的不孝。

石碑 把功绩勒于石土，以传后世的一种石刻。一般以文字为其主要部分，上有螭首，下有龟趺。大约在周代，碑便在宫廷和宗庙中出现，但此时的碑与后来的碑功能不同。此时宫廷中的碑是用来根据它在阳光中投下的影子位置变化推算时间的；宗庙中的碑则是作为拴系祭祀用的牲畜的石柱子。

原有庙产田一百六十余亩，大概是龚祠遗留下来的，这笔田产当大士殿建成后，也由精严寺和尚掌管了。

1875年，湘军将领彭玉麟来到嘉兴，便成了许瑶光的上宾，陪同游览了南湖。彭玉麟给许瑶光画了两幅梅花：一幅是直幅；另一幅是横幅。每幅各题诗两首。许瑶光把这两幅梅花图刻成碑石，在烟雨楼北面，即凝碧阁的废址上建造一座亭子，把这两块石碑放在亭内，名亭为"宝梅亭"。

后来，许瑶光还将元代吴镇的"风竹图"石刻迁到了宝梅亭内，壁嵌于亭西面内壁。亭外堤岸，垂柳翠竹掩映朱增。

到这年为止，许瑶光在嘉兴知府任上，在烟雨楼小岛上共建有清晖堂、菱香水榭、菰云簃、八咏亭、亦方壶、宝梅亭及因他的关系，地方士绅筑有来许亭和鉴亭。

■ 嘉兴南湖红船

1880年，知府许瑶光去任离开嘉兴。继任的嘉兴知府，一个是庸庸碌碌的宗培，另一个是糊涂酒鬼杨兆麟，所以在清末近30年中，烟雨楼几乎没有什么新的建设。

1881年，浙江巡抚调任。后任碍于舆论和民情，命许瑶光回任嘉兴知府。嘉兴父老即在三塔坝上建"许公三至亭"，厅堂龛内盒中，装有许瑶光离嘉兴登船前脱下的"朝靴"一双。但许瑶光仍居杭州庆春门，菜石桥西埭南隅，马所巷家宅"长园"。

1905年，浙江铁路建成。嘉兴东城门，成了火车站的所在地，代替了北门运河要道。由于交通便利，来南湖烟雨楼游玩的人，才日渐多了起来。

阅读链接

据传，乾隆帝第五次南巡时已70岁。有一天，他觉得在烟雨楼停留的时间实在太短。所以，他决定把行程稍为改动一下，自南斗圩直达南湖，在烟雨楼过夜。

这可急坏了南巡先行官和嘉兴知府。算时间只差一个月了，只好采取紧急措施，烟雨楼禁止游船进出，岛四周环水赶打木桩，连接铁链，链上系警铃，以防刺客。这一工程派民工日夜操作，限期完成。

南斗圩至南湖35千米，当天抵南湖时已近黄昏。船一靠岸乾隆就跨上石阶，烟雨楼虽15年没来了，究竟是熟路，乾隆帝兴致勃勃地直上烟雨楼，扶栏远眺，暮色苍茫，非烟非雨，另有一番风味。

修缮与再建之后的烟雨楼

至清末年，烟雨楼历经修建，逐渐形成了以烟雨楼为主体的古园林建筑群、亭台楼阁、假山回廊、古树碑刻，错落有致，是典型的江南园林。后来由于战乱，烟雨楼又经多次被毁与重建。

直到嘉兴知事张昌庆募捐重建烟雨楼，同时国家大力修茸，才使

嘉兴烟雨楼

古老的园林焕发新貌，形成后来人们看到的格局。

整个烟雨楼全园占地11亩，园内楼、堂、亭、阁错列，园周短墙曲栏围绕，四面长堤回环。

烟雨楼入口处是清晖堂，清晖堂隐喻清政府能与日月同辉。

在清晖堂两侧厢房菱香水谢和菰云簃，都在濒湖水边。夏日，在此倚栏远眺，只见接天菱叶无穷碧，湖上轻烟漠漠，菱花送香，真如置身水晶宫殿之中。

烟雨楼后花园，有形状奇绝、错落有致的观音阁，三楹二层，原来里面供奉的是观音像，后来因为被毁，又重新修建后，里面改为嘉兴名胜老照片展馆。

清晖堂后为东御碑亭，中竖石碑，刻有乾隆第二次游南湖的题诗《烟雨楼即景》。

经御碑亭进内就是烟雨楼正楼，是嘉兴南湖湖心岛上的主要建筑，后来"烟雨楼"成为了岛上整个园林的泛称。

此楼建筑面积640余平方米，自南而北，前为门

■ 烟雨楼入口处的
清晖堂

碑刻 泛指刻石文字或图案。最早的碑刻文字，首推秦朝的"石鼓文"。多数的碑刻有毛笔写蓝本或书丹上石。但有些摩崖石刻及石窟，往往不经书写而直接用刀在石面上雕琢。

回廊 在建筑物门厅、大厅内设置在二层或二层以上的回形走廊，也指曲折环绕的走廊。如唐代诗人杜甫《涪城县香积寺官阁》诗："小院回廊春寂寂，浴凫飞鹭晚悠悠。"

烟雨楼正堂内景

楼阁雅韵

神圣典雅的古建象征

殿三间，后有楼两层，高约20米，面阔五间，进深两间。重檐画栋，朱柱明窗，外加四周走廊，外观雄伟壮丽，在绿树掩映下，更显雄伟，气势非凡。

在烟雨楼正楼前檐，悬后来书的"烟雨楼"匾额，二层中间悬乾隆御书"烟雨楼"匾额。楼下正厅也曾书有一副楹联，书体端正劲挺，堪称一代楷模。楼上下均有回廊环通，登楼凭栏远眺，田园湖光尽在眼底。每当夏秋之季，烟雨弥漫，不啻山水画卷。

烟雨楼正楼的大堂两边高凳排列，嘉兴知府许瑶光书"南湖烟雨"诗篆刻于墙壁，笔锋遒劲有力，其中几块墨色的板碑上刻着画，寥寥数笔，将江南烟雨勾勒得淋漓尽致。

"分烟话雨"匾额悬挂中堂之上，厅内凉风习习，似有烟雨从湖面吹来，大凡经过此地，必睹物思人：

烟雨楼台听春雨，清风轻拂和细语。

分烟话雨伊人去，落花还恋静夜雨。

在烟雨楼中，还有许多石刻，如宋代著名书画家苏轼、黄庭坚和米芾的题刻，元代著名书画家吴镇竹画刻石及后来的墓志铭碑刻等都较为著名。

在烟雨楼正楼东为青杨书屋，西为对山斋，均三间。东北为八角轩一座，东南为四角方亭一座。西南垒石为山，山下洞穴迂回，可沿石磴盘旋而上，山顶有六角敞亭，名"翼亭"。

烟雨楼正楼前是开阔的平台，有两棵古银杏树参天挺立。台外栏杆下有"钓鳌矶"刻石。平台东南侧，即乾隆游南湖的另一处"御碑亭"。

此外，楼前还有一荷池，形如南湖特产"无角菱"；设有烟雨长廊，廊棚为砖木结构，中间有一段最为出色，有翻转轩两层雕刻花纹。

在烟雨楼正楼后，假山巧峙，花木扶疏。假山由太湖石叠成，相传为有名造园家所做，后倾圮零乱，在重建时被理堆垒成虎豹狮象形状，形象逼真，威武可爱。假山西北，亭阁错落排列，回顾曲径相连，玲

太湖石 又名窟窿石、假山石，是一种石灰岩，有水、旱两种，峻峭怪式，形状各异，姿态万千，通灵剔透，色泽最能体现"皱、漏、瘦、透"之美，以白石为多，少有青黑石、黄石，尤其黄色的更为稀少，有很高的观赏价值。它与灵璧石、英石和昆石列为我国园林"四大名石"。

■ 嘉兴南湖建筑

■ 嘉兴南湖揽秀园

珑精致，各具情趣。

鱼乐国建筑群由宝梅亭、来许亭、鉴亭、出鉴亭等建筑构成。自宝梅亭前行，依次为来许亭、鉴亭。

揽秀园是后来兴建的一座文物碑刻园，坐落在嘉兴南湖西岸文星桥畔，占地11300余平方米。园以碑廊为中心，西为古建筑，内设晚清著名书画家，海上画派创始人蒲华纪念室。两侧长廊上嵌有"清仪阁"、"停云馆"、"小灵鹫山馆图咏"刻石。

其中，包括了园内珍藏的嘉兴历代碑刻84块及唐代著名画家吴道子手绘"出海观音"石刻以及元代重修嘉兴路总管府学碑记等。

这些作品均出自历代著名的书画家之手，如明代画家、书法家、文学家文徵明，清代著名的书画家、篆刻家赵之谦，晚清诗人、画家、书法家何绍基以及晚清时期著名国画家、书法家、篆刻家吴昌硕。

在"嘉兴府学重修明伦堂记"碑廊东侧为园林区，有菱香阁、三过亭、垂钓池等。三过亭是为纪念宋代大文豪苏东坡三到嘉兴本觉寺而建的。

碑廊东南为菱香阁，登阁远眺，绿树掩映中的小瀛洲隐约可见。在揽秀园东的文星桥为三孔石环桥，跨径38米，宽3.5米，有石阶梯约50步。

小灌洲为湖中小岛，与湖心岛上的烟雨楼南北相望，旧称"小瀛洲"，俗称"小南湖"。清代疏浚市河，堆泥于此，就形成了一分水墩，原来是渔民的晒网之地，后来逐渐发展为游览胜地。

清光绪年间，嘉兴民间"惜字会"在岛北部建仓圣祠三间，供祀黄帝时期造字的史官、被尊为"造字圣人"的仓颉。

在仓圣祠祠南有"舞蛟石"，为江南名石，又名"蛇蟠石"，历代文献屡有记载，古人赞美此石"怒目探爪"、"若饥蛟蝥舞"。相传为唐代故物，也有说是北宋末年"花石纲"遗物。石上刻有篆书"舞蛟"两字，相传为元代大书法家赵孟頫所书。

小瀛洲岛北为湖滨公园，有九曲桥相连。园地有20余亩，树青草绿，有亭临湖，坐憩其间，得心旷神怡之趣。壕股塔院壕股塔是古时

■嘉兴南湖文星桥

嘉兴南湖壕股塔

嘉兴七塔八寺之一，因北临城壕，水曲如股而得名。

后来，重建的壕股塔位于南湖西侧的南湖渔村之中，塔高63.36米，七层，为阁楼式塔，四周有回廊，沿袭宋代建筑风格。每层的四角翘檐上搁置一个精致佛像，下面垂挂古朴风铃，呈现"影荡玻璃碎，风铃柳外高"的意境。

南湖渔村位于南湖西北，据《烟雨楼史话》记载：是明代勺园旧址，勺园初建时面积并不大，但到处是楼台亭榭，假山峭削，青松苍翠，秋枫红醉；池中荷花，北背城壕，烟雨楼台，近在咫尺，园楼相对，形成了一个由水系为纽带的建筑群体，环境相当幽雅。

086
楼阁雅韵
神圣典雅的古建象征

阅读链接

乾隆皇帝八上烟雨楼，在当时社会引起了一个轰动的效应。南湖和烟雨楼的名胜很吸引了更多的游客的好奇，皇帝吃过的、用过的、留下的东西，皇帝住的地方，皇帝乘的船，甚至陪同皇帝的官员，都被传言得有声有色。

在民间，关于南湖菱，就流行着一个神奇的传说。据说，当年乾隆到嘉兴时，当地的官员准备了南湖菱给皇帝品尝。当时的南湖菱长着尖角，乾隆皇帝不小心被刺了一下。于是，他就下令菱花仙子不能让南湖菱长尖角。

第二年，南湖菱便真的不再长角了。从此之后南湖里的菱就一直是没有角的样子，像馄饨又像元宝，民间将它称为馄饨菱、元宝菱。

烟台蓬莱阁

蓬莱阁坐落于烟台蓬莱城北处的丹崖山巅，建于1061年，曾是古代登州府署所在地，也是我国古代传说中的"八仙过海"之地，因阁下面临大海，建筑凌空，海雾四季飘绕，素有"仙境"之称。

蓬莱阁为我国古代道教名胜之一，主要由蓬莱阁、天后宫、龙五宫、吕祖殿、三清殿和弥陀寺六大单体及其附属建筑组成规模宏大的古建筑群，面积1.89万平方千米。

蓬莱阁同武汉黄鹤楼、湖南岳阳岳阳楼、江西南昌滕王阁齐名，被誉为我国古代四大名楼。

古代三神山传说中的仙境

自古以来，山东烟台蓬莱就与神仙文化结下了不解之缘，素有"仙境"之称，传说蓬莱、瀛洲和方丈是海中的三座神山，为神仙居住的地方，"蓬莱乃神仙之都，上帝游息之地，海水正黑为溟渤，无风而为波浪，万丈不可往来，惟飞仙间能到者"。

■ 鸟瞰烟台蓬莱三仙山

■ 烟台蓬莱三仙山
之方丈山

在我国古代，很早就有"三山"之说。"三山"就是指蓬莱、方丈和瀛洲。由于蓬莱是三座神山之一，所以有"到了蓬莱就进入了仙境"之说。

秦汉时期，秦始皇和汉武帝多次巡幸来此求仙、望仙；传说汉武帝多次驾临山东半岛，登上突入渤海的丹崖山，寻求"蓬莱仙境"，加之"蓬莱"地名由汉武帝赐名，蓬莱一时成为天下注目之地。

此后，"蓬莱"两字成了人们对仙境的代指。凡是美如仙境的地方，大都用蓬莱来命名。

如唐朝的大明宫，别称"蓬莱宫"；唐代大诗人李白的诗篇中也有"蓬莱文章建安骨"的名句；还有如浙江的普陀山、福建的莆田和海南的东山岭等，都有以蓬莱命名的景物。

唐代贞观年间，渔民们在丹崖山极顶修建了龙王

瀛洲 即"东海瀛洲"，为崇明岛古称，是传说中美丽的东海仙山。相传在远古东海之中有一瀛洲仙境，是神仙居处，但这个仙岛还没有稳固下来，直到后来明太祖朱元璋把"东海瀛洲"四个字赐给了崇明岛。从此，崇明岛便有了"古瀛洲"的美名了。

烟台蓬莱弥陀寺内景

庙。后来因皇室特别崇奉道教，在唐代开元年间，蓬莱建造了一座三清殿，以供奉三清，分别是：中间的是玉清元始天尊，手拿红珠；东边是上清灵宝道君，手拿太极图，西边的是太清太上老君，手拿扇子，太上老君就是我国道教学派的创始人老子。

在唐代还建有弥陀寺，它是蓬莱阁内唯一的佛教寺庙。该寺曾盛极一时，后因唐武宗李炎禁佛，虽没有遭到拆除之灾，但也一度僧尼还俗，门庭冷落。

宋代以后，朝廷为巩固政权需要，大力宣扬关羽的"忠义"，在弥陀寺的东边建了一座关公殿，中间主尊为"关公"，他是我国东汉末年西蜀名将关羽，官拜前将军、汉寿亭侯爵位。由此，关羽地位不断提高。

阅读链接

古代蓬莱是三神山传说的发祥地，有东方神话故事之都的美称，在蓬莱的神话传说中，以宋代流传于登州的"八仙过海"传说为最著名。

而广为流传的"八仙过海"的神话传说，就是源于古代蓬莱，相传吕洞宾、铁拐李、张果老、汉钟离、曹国舅、何仙姑、蓝采和韩湘子八位神仙，在蓬莱阁醉酒后，凭借各自的宝器，凌波踏浪、漂洋渡海而去，留下"八仙过海、各显其能"的美丽传说。

宋代始建蓬莱阁建筑群

在宋代，蓬莱阁是古代登州府署所在地，管辖着九个县一个州，是当时我国东方的门户。

1042年，北宋就已在此始建边防水寨"刁鱼寨"，是我国古代北方重要的对外贸易口岸和军港。它与我国东南沿海的泉州、明州，（就是后来的宁波）和扬州，并称为我国"四大通商口岸"，是我国

烟台蓬莱阁景观

■ 蓬莱阁匾额

龙王 是神话传说中在水里统领水族的王，掌管兴云降雨。龙是我国古代神话的四灵之一。龙王是非常受古代百姓欢迎的神之一，传说龙往往具有降雨的神性。唐宋以来，帝王封龙神为王。从此，龙王成为兴云布雨，为人消灭炎热和烦恼的神，龙王治水则成为民间普遍的信仰。

最完好的古代海军基地。蓬莱依山傍海，所以又以"山海名邦"著称于世，山光水色堪称一绝。

1061年，唐代所建的龙王庙被移到丹崖山半腰西侧、后来改名为"丹崖仙境坊"的西北。同年，宋人在此大兴土木，始建蓬莱阁。

蓬莱阁的主体建筑矗立于蓬莱北濒海的丹崖极顶，阁楼高15米，坐北面南，是双层木结构建筑，阁上四周环以明廊，可供游人登临远眺，是观赏"蓬莱云海"奇异景观的最佳处所。

"蓬莱云海"是在山东蓬莱地域出现的云海现象，属于风景、水景、景观资源和奇特的大气物理现象的综合景观特征。

在一定条件下，蓬莱海面形成的云层，并且云顶高度低贴近海面海岸。此时，漫无边际的云，如海波峰涌，浪花拍岸。

当云海上升到一定高度，偶尔会在空中或"地下"出现高大楼台、城郭、树木等幻景，时隐时现于"波涛"之上，云雾烘托，扑朔迷离，怪景愈怪，云峰奇海，为蓬莱海岸增添诱人的艺术魅力。

古时，蓬莱海面上常出现这种幻景，古人归因于蛟龙之属的蜃，吐气而成楼台城郭，因而称此奇观为"海市蜃楼"。虚幻的琼楼玉宇为古老的"蓬莱仙境"增添了神奇的色彩。

北宋著名科学家、改革家沈括，在他的笔记体著作《梦溪笔谈》里有这样的记载：

登州海中时有云气，如宫室台观，城堞人物，车马冠盖，历历可睹。

这是沈括在蓬莱游玩时亲眼所看到的海市蜃景。而古时蓬莱正是因为有"海市蜃楼"奇观和"八仙过海"的美传，而以"人间仙境"著称于世。

"蓬莱仙境"石牌坊

碑碣 古人把长方形的刻石叫"碑"。把圆首形的或形在方圆之间，上小下大的刻石，叫"碣"。秦始皇刻石纪功，大开竖立碑碣的风气。东汉以来，碑碣渐多，有碑颂、碑记，又有墓碑，用以纪事颂德，碑的形制也有了一定的格式，后世碑碣名称往往混用。

■ 蓬莱"八仙过海"处

世传蓬莱有十处仙景，而"海市蜃楼"便为一奇观。每年春夏，夏秋之交，空晴海静之日，时有海市出现，海上劈面立起一片山峦，或奇峰突起，或琼楼迭现，时分时聚，缥缈难测，不由人不心醉神迷。

千百年来，慕名而至的文人墨客络绎不绝，虽然大饱眼福的人不过十之一二，却留存了观海述景的题刻200余方。

由于蓬莱得天独厚的地理环境，这里不仅一年四季景色有异，就连一日之间也变幻无穷。

蓬莱阁因建于山顶最高峰，远远望去，楼亭殿阁掩映在绿树丛中，高踞山崖之上，恍如神话中的仙宫。所以，蓬莱阁上是观赏"蓬莱十大景"中"仙阁凌空"、"渔梁歌钓"二景的最佳观景处。

因为蓬莱阁的神奇景象和宏伟规模，它与湖北武汉的黄鹤楼、湖南岳阳的岳阳楼和江西南昌的滕王阁

并称为我国"古代四大名楼"。阁内文人墨宝、楹联石刻，不胜枚举。

在宋代时期，蓬莱阁除主要兴建了蓬莱阁楼外，还建有仙人桥、苏公祠、卧碑亭、天后宫、宾日楼和子孙殿等建筑。

后来，人们把三清殿、弥陀寺、苏公祠、天后宫、龙王宫、蓬莱阁和后来兴建的吕祖殿等不同的祠庙殿堂、阁楼和亭坊组成的建筑群，统称为蓬莱阁。

位于蓬莱阁下的仙人桥，结构精美，造型奇特，传说为"八仙"过海的地方。

蓬莱阁自古为名人学士雅集之地，阁内各亭、殿、廊、墙之间，楹联、碑文、石表、碑碣、琳琅满目，比比皆是，翰墨流芳，为仙阁增色不少。

苏公祠位于卧碑亭东侧，为轩亭建筑。据记载，"苏轼知登州不过五日，即上《乞罢登莱榷盐状》，

■ 烟台蓬莱阁下的八仙塑像 八仙是民间广为流传的道教中的八位神仙。八仙之名，作明代以前众说不一。有汉代八仙、唐代八仙、宋元八仙，所列神仙各不相同。至明代吴元泰在《八仙出处东游记》即《东游记》中把八仙定为：铁拐李、汉钟离、张果老、蓝采和、何仙姑、吕洞宾、韩湘子和曹国舅。

■ 蓬莱胜境

楼阁雅韵

神圣典雅的古建象征

盐政 我国盐业
源远流长。春秋
时期为我国盐政
之始；唐代就场
专卖制的创立，
则标志着我国古
代盐政制度的成
熟；北宋时，行
官商并卖制，规
定或官卖、或通
商得各随州郡所
宜。其盐业生
产，则设立亭户
户籍，专事煮
盐，规定产额，
用所煮的盐折纳
春秋二税；于产
盐之地设置场、
监等盐政机构，
从事督产收盐。

登莱百姓因苏公之请"，不食官盐的制度后来一直延续下来。

清代的盐政碑记中记载：

> 有宋时，苏文忠公，莅任五日即上榷盐书，为民图休息，土人至今把之，盖非以文章把，实以治绩也。

为怀念北宋著名文学家、书画家苏轼，宋人建了苏公祠。苏公祠祠堂内竖立有苏轼肖像刻石拓本。内外壁嵌刻石20余方，其中内壁的苏轼《海市诗》《望海》及后来的《观海》和临《海市诗》楷书刻石尤为珍贵。

卧碑亭坐落在丹崖山古建筑群的东北侧，面北而立，因亭内存有北宋著名文学家、书画家苏轼的《海市诗》和《题吴道子画后》横幅碑刻而得名。

其实，这卧碑亭并不是一座亭式建筑，而是与其他建筑相连接的一座卷棚庑式屋宇，因为苏轼的两件手迹都是横幅，刊刻在横置的长方形碑石上，所以被人们称为"卧碑"。卧碑的长为217厘米，高为92厘米，正面刻的《题吴道子画后》，背面刻的《海市诗》。

1085年，苏轼来到登州为官。但是仅仅五日，便接到还朝的调令。在他离开登州之前，有幸看到了令人神往的海市奇观，欣喜之余，便写下了著名的七言古诗《登州海市》：

东方云海空复空，　群仙出没空明中。

荡摇浮世生万象，　岂有贝阙藏珠宫？

心知所见皆幻影，　敢以耳目烦神工。

岁寒水冷天地闭，　为我起蛰鞭鱼龙。

重楼翠阜出霜晓，　异事惊倒百岁翁。

人间所得容力取，　世外无物谁为雄。

烟台蓬莱苏轼手迹"人间蓬莱"牌坊

率然有请不我拒，　信我人厄非天穷。

潮阳太守南迁归，　喜见石廪堆祝融。

自言正直动山鬼，　不知造物哀龙钟。

伸眉一笑岂易得，　神之报汝亦已丰。

斜阳万里孤鸟没，　但见碧海磨青铜。

新诗绮语亦安用，　相与变灭随东风。

　　苏轼以兴奋的心情记述了观看海市的全过程和感想体会，成为古今鉴赏的名篇，历代不乏注释赏析的文字，同时，翰墨流传，也为蓬莱的海山大增色彩，登州海市、丹崖仙阁，也从此闻名遐迩，名重天下了。

　　卧碑的另一面刊刻的是苏轼的《书吴道子画后》和《跋吴道子地狱变相》两文的节录：

　　道子画圣也。出新意于法度之中，寄妙想于豪放之外，盖所谓游刃有余，运斤成风者耶！

远眺烟台蓬莱阁

■ 烟台蓬莱阁上的
宾日楼

碑文将《书吴道子画后》和《跋吴道子地狱变相》两文合二为一，是苏轼当时写给时客居蓬莱的河内史全叔的。

另据《东坡志林》记载，苏轼在蓬莱还画过一幅《枯木竹石图》，"自谓此来之绝"，也给了这位史全叔，可见苏史的过从甚密。

苏轼离开登州以后，史全叔为纪念一代文宗苏轼，便首先想到把他的《海市诗》摹勒上石，以垂久远。而当时摹勒之事是难以放大与缩小的，所以只有照纸幅的尺寸确定石之大小。

但在《海市诗》刻竣时，史全叔又发现碑石的背面尚可刊刻，于是史氏就所藏选出了《书吴道子画后》手迹，所憾此纸比之《海市诗》手迹短了几行，于是另选有关手迹填满，然后才刻成卧碑。因为卧碑亭卧碑的墨迹出自一代文宗苏轼之手，所以备受人们珍视，整个卧碑也便成了蓬莱阁上的文物珍品。

宾日楼也叫"望日楼"，位于苏公祠东邻，建于

《东坡志林》为宋代文学家苏轼所著。此书所载为作者自元丰至元符年间20年中的杂说史论，内容广泛，无所不谈。其文则长短不拘，或千言或数语，而以短小为多。皆信笔写来，挥洒自如，体现了作者行云流水涉笔成趣的文学风格。

■ 烟台蓬莱"日出佛桑"景观

妈祖 又称天妃、天后、天上圣母、娘妈，是历代船工、海员、旅客、商人和渔民共同信奉的神祇。古代在海上航行经常受到风浪的袭击而船沉人亡，船员的安全成航海者的主要问题，他们把希望寄托于神灵的保佑。

宋代，为八角十六柱双层砖木结构楼阁式建筑。楼体八棱，南侧与吕祖殿连为一体。

底层外侧明廊，楼内有木梯盘旋而上。二层周匝开圆窗八个，眼界极阔，可观八面景致，纳八面来风，是观赏海上日出的绝好之处，可欣赏"日出扶桑"之景。

"日出扶桑"为"蓬莱十大景"之一，景致壮丽磅礴，别具一格，苏轼述登州所见有"宾出日于丽谯，山川炳焕"的名句。后来诗人对此更有极细致的描写：

日初出时，一线横亘，如有方幅棱角，色深赤，如丹砂。已而，焰如火，外有绛帷浮动，不可方物。

久之，赤轮涌出，阴象乃圆，光彩散越。不弹指而离海
数尺，其大如镜，其色如月矣。

前人诗道：

> 海云沆瀣覆虞渊，竣乌宵腾羲驭还。
> 何必烛龙衔始出，沧波原是接长天。

蓬莱阁天后宫始建于宋崇宁年间，大约是1102年至1106年间，庙
额为"灵祥"。

1122年，宋朝使者路允迪出使高丽王朝，因在海上遭遇狂风，后
获得妈祖庇护，只剩下路允迪有惊无险。他回京后，奏明圣上，在蓬
莱阁创建了天后宫，后来扩建到了48间的规模。

子孙殿是古时候求子求孙的地方，位于龙王宫正殿东侧，其正门

蓬莱阁子孙殿里的送子观音塑像

就是天后宫一进院落西北耳门，门上有匾。殿为庙宇式建筑。殿额"熊罴赐梦"，取之《诗经小雅·斯干》篇，篇中有这样的句子：

吉梦维何，维熊维罴，

维熊维罴，男子之祥。

意思是，什么是吉梦？是熊是罴，只有熊罴才象征着男子的吉祥。熊罴是凶猛的野兽，象征着勇敢的武士。因此，以"熊梦"或"熊罴入梦"为祝人生子吉祥语。

在子孙殿内东、北、西皆有高台，北高台上设连体神龛三个，中龛祀送子娘娘坐像，东西龛分别祀眼光娘娘和疹子娘娘坐像。东西高台上分别立有麒麟送子、天王送子组塑。

此殿主祀送子娘娘。眼光娘娘保佑儿童心明眼亮，志向远大。疹子娘娘保佑儿童顺利通过疹子关，因为旧时儿童麻疹死亡率极高，疹子娘娘应运而生，专事保佑儿童出麻疹。殿内备有蒲团、香炉，殿前正门内南侧壁上设有"宝库"。此殿历来香火旺盛。

阅读链接

相传，很早以前，在古代渤海中有"蓬莱"、"方丈"和"瀛洲"三座神山。秦始皇嬴政统一六国后，为求大秦江山永固、个人长生不老，便慕名去"蓬莱"寻找神山，以求长生不死药。

秦始皇站在海边，眺望大海，只见海天尽头有一片红光浮动，便问随驾的方士那是什么，方士回答："那就是仙岛。"

秦始皇大喜，又问仙岛叫什么名？方士一时无法应答，忽见海中有水草漂浮，灵机一动，便以草名"蓬莱"作了回答。从此，"蓬莱"成为仙岛的地名。

明代时蓬莱阁进入鼎盛期

在元末时期，全真教结合教义对其"北五祖"的偶像宣扬，扩大了蓬莱作为神仙福地在国内外的影响。

明洪武年间，龙王宫曾得以修葺。1376年，明朝在原来北宋所建的驻扎水军的边防水寨"刁鱼寨"基础上环筑土城，增设军事设施，名曰"备倭城"，俗称"蓬莱水城"。

蓬莱水城城楼上的古炮

蓬莱水城位于蓬莱阁东侧，即登州水港，它与庙岛群岛构成海上锁链，地理位置非常重要。古港原为自然港湾，水域面积27万平方米，比后来的蓬莱水城大三四倍，它负山控海，形势险峻。

蓬莱水城俗称"小海"，居城中，呈长袋形，是水城的主体，为操练水师与泊船之所。传说，该地自古就是海防要塞和海运的枢纽。

水城背山面海，陡壁悬崖，天险自成，在汉唐时就已成为军事的重地。1408年，明朝在蓬莱水城设"备倭督指挥使司"。在明代隆庆年间，三清殿得以重修。

1583年，佛教名僧憨山德清到山东传教。据说，他在山东地区的佛教界影响很深，他的弟子遍布各地。当时，蓬莱阁内的弥陀寺香火复盛，渐渐扩建成后来的规模。

弥陀寺的正殿，里面供奉的是西方三圣和十八罗汉。正中供奉的是阿弥陀佛。其左协侍为观世音菩萨，右协侍为大势至菩萨。阿弥陀佛是西方极乐世界的教主，他能够接引念佛的人前往西方极乐世界，所以又称"接引佛"，为净土宗敬奉的主要对象。

山东总督备倭督指挥使司

沿丹崖山势而建的蓬莱阁，南面东西一字排列着三座山门。中间与丹崖仙境坊相对的山门额书"显灵"两字，即为"天后宫"的山门。

东门额书"白云宫"，是白云宫的前门，而门内并无殿宇，却只有一个花坛。据说，白云宫在1603年毁于火灾，明代总兵李承勋捐资重建。传说，白云宫是人间和仙境的连接的仅有的一道门，是玉皇大帝的七个女儿"七仙女"下凡的地方。

西门额书"龙王宫"，也就是唐代始建的龙王殿，在明代万历年间，再次得以修缮，并改名为"龙王宫"。

龙王宫为三进院落，庙宇式建筑，占地2117平方米。前殿内东西各塑海中护法一尊，东为"定海神"，西为"靖海神"，各持法宝，威风凛凛。

正殿东西长12米多，南北进深10米，有前廊，殿

■ 蓬莱阁内的弥陀寺山门

山门 寺院正面的楼门，寺院的一般称呼。过去的寺院多居山林，故名"山门"。通常寺院为了避开市井尘俗而建于山林之间，因此称山号、设山门。山门一般有三个门，所以又称"三门"，象征"三解脱门"，即"空门"、"无相门"、"无作门"。

额："霖雨苍生。"，两个明柱书有楹联：

> 龙酬丹崖所期和风甘雨；
>
> 王应东坡之祷翠阜重楼。

明廊西侧镶有"龙王宫简介"。殿中设高台神宪，内塑东海龙王敖广金身坐像，两侧塑有八名站官，由南而北，东为巡海夜叉、千里眼、电母、雷公，西为赶鱼郎、顺风耳、风婆和雨神。

殿北门靡联楣批"风调雨顺"，联文为：

> 海邦万里庆安澜；
>
> 五湖四海降甘霖。

后殿为龙王寝宫，也有明廊，两明柱殿额"福庇海邦"，题联：

■ 蓬莱阁内的龙王宫

赠大圣定海神珍千年魔尽；

还八仙渡海宝物万里波平。

龙王宫内的龙王雕像

殿内也设高台神龛，内塑龙王及左右嫔妃金身坐像；殿内东西两侧各塑四名侍女。旧有龙王木雕像及龙王出行用的步辇和仪仗。

胡仙堂位于蓬莱阁西北部，坐北朝南，面阔9米，进深3米多，高4米多，为三开间三架梁硬山顶建筑，堂内尊奉胡仙塑像，设有侍童塑像及其他祭器。胡仙堂门上的楹联为：

入深山修心养性；

出古洞得道成仙。

胡仙堂中供奉三尊塑像，中间为胡仙，身边是他的两位药童，女童手拿灵芝，男童手拿药葫芦及医书，东面墙上有《深山采药图》。

阅读链接

明代时，相传登州有一胡姓人家，家中有一公子，自幼无心读书求取功名，而热衷于寻求民间药方，进深山采药为老百姓治病。他医术高明，不管什么样的疑难杂症，都能药到病除，后来他潜修仙道，得道成仙，被尊为"胡仙"。

后来，人们为纪念他的功德，就在蓬莱阁西北部，东与天后宫寝殿西山墙相连的地方修建了"胡仙堂"，胡仙堂香火鼎盛，前来求药治病的人络绎不绝。据说，胡仙堂曾被毁，后来根据当地年长者的口述，恢复了胡仙堂原貌。

清代重建蓬莱阁建筑群

　　清代时期，蓬莱阁建筑群先后修缮、增建了天后宫、普照楼、吕祖殿和蓬莱阁等建筑。从此，蓬莱阁建筑群的布局及规模臻于完善。

　　蓬莱阁天后宫也因其历史悠久、规模雄伟而闻名遐迩。天后宫位于蓬莱阁的"丹崖仙境"牌楼后正中，占地面积3000多平方米。

■蓬莱阁"丹崖仙境"牌坊

■ 蓬莱阁天后宫内
的戏楼

天后宫建筑结构为四进院落，南北朝向，自南向北依次为正门、钟鼓楼、戏楼、前殿、垂花门、东西庑、正殿东西耳房、后殿。

1826年，天后宫毁于火灾。第二年重修，把原来"灵祥"改为"显灵"，成为我国北方最大的天后宫之一。蓬莱阁天后宫与其他地方的天后宫设计大同小异，过正门，就是钟鼓楼。

钟鼓楼虽然不大，但很别致。在钟楼北侧通道间立有三块很有价值的碑记：《坤爻石记》《八松石亭记》和《重修白云宫、海神庙、天后宫、蓬莱阁记》，记述了蓬莱阁的沧桑。

一进院落除了钟鼓楼外，还有大戏楼，为木石结构的二层楼阁建筑，坐南朝北，面对天后宫前殿。一层有南北通道，二层半部为戏台，半部为演戏人员的

垂花门 是我国古代建筑院落内部的门，因其檐柱不落地，垂吊在屋檐下，称为垂柱，其下有一垂珠，通常彩绘为花瓣的形式，故被称为垂花门。它是四合院中一道很讲究的门，也是内宅与外宅的分界线和唯一通道。

活动处。戏楼上有一副对联：

> 乐奏钧天潮汐声中喧岛屿；
> 宫开碣石笙歌队里彻蓬瀛。

此联是戏楼的真实写照。传统上，这戏台是庙会演戏的地方，戏台面对天后宫是要演戏给妈祖看的意思。后来，每年农历正月十六天后宫庙会，都在戏台上演俚俗戏剧，已形成了特定的民俗。

戏台之后，就是蓬莱阁天后宫的前殿。前殿位于一进院落北端，也称"马殿"，内供嘉应、嘉佑两护神。宽11米多，进深6米多，门上额题"天后宫"，还有对联：

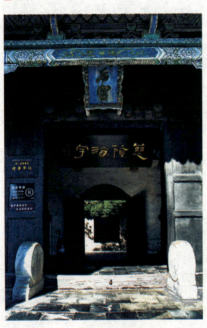

■ 蓬莱阁内的天后宫

> 佑一方潮平岸阔；
> 护环海风正帆悬。

由前殿可进二三进院落之间的垂花门。这垂花门是其他天后宫比较少见的。垂花门为单脊双出檐开山木结构建筑。

垂花门两边各有倒垂贴金花蕊，造型古朴别致。在封建社会，垂花门是显贵的象征，未经许可不得进入。

踏入垂花门就是天后宫三进院

落。天后宫正殿坐落在这里。

正殿宽16米多，进深14米多，前明廊立柱四根，两两相对，额题"道德神仙"，明廊两边墙壁分别镶嵌《重修天后宫记》和《重修天后宫碑记》刻石。

殿内有八根金色柱子，其中有四根是铁力木，其木质地坚硬，经久不裂，使天后宫正殿坚固无比。正殿中央1米台上为三面大小水纹木格神龛，内供奉3米多高的天后雕塑像。

在天后左右两边，各立二侍女。殿内两侧皆为高台，塑有八尊神像，分别为四海龙王、传达天帝旨意的文官、手持万法归宗的文官、传达天后旨意的文官、掌管文印的文官。

这天后宫中，龙王为妈祖站班。据说，是因为宋史者路允迪出使高丽前曾经祭拜过龙王，要求庇佑，结果遇大风，"八舟溺七"。

后来因求妈祖显灵，才使路允迪免予遭难，所以龙王不如妈祖，只好为妈祖站班了！妈祖正殿因香火旺盛，在道光年间被火烧殆尽，后重建时在后照壁上刻写"乌龙压镇"，把火灾镇住。

四进院落是天后宫最后边的一座建筑物，也就是后殿，是妈祖她老人家的卧室，建有东西耳房，形制

■ 蓬莱阁内的妈祖塑像

照壁 是我国传统建筑特有的部分。设立在一组建筑院落大门的里面或者外面的一组墙壁，它面对大门，起到屏障的作用。不论是在门内或者门外的照壁，都是和进出大门的人打照面的，所以照壁又称影壁或者照墙。

■ 蓬莱阁内的普照楼

小巧，用料考究。檐下两端采用砖雕，有图有文，图文并茂。

砖雕的文字联结而成为五言绝句一首：

直上蓬莱阁，人间第一楼；
云山千里目，海岛四时秋。

后殿底层宽13米多，进深7米多，额题："福赐丹崖"，意为妈祖能福佑丹崖，丹崖为蓬莱阁地方的别称，因该地皆呈丹色。

殿内用雕花板隔二为三，刻雕各种故事："喜鹊登枝"、"松鹤迎年"、"福满四方"等。二楼为妈祖梳妆楼，宽13米多，进深5米多，摆设各种卧具。

蓬莱阁天后宫在建筑上有独特之处，更重要的是八仙道教、洋洋众仙，妈祖的神威令这些仙人们留下地盘，还为妈祖助威。

1868年，清廷为了便于蓬莱水城的船舶夜行，专门在蓬莱阁东北角的丹崖绝壁之上，建造了一座用以导航的普照楼，又名"灯楼"。

楼高三层，为砖木结构，占地25平方米，楼体六楼，楼顶斗拱，内设扶梯盘旋而上。顶层木构，六柱支撑如亭状，周匝木扶栏。

在清代时，普照楼是蓬莱阁古建筑群重要建筑之一，它与宾日楼、吕祖殿等共同组成仙境蓬莱的特征

砖雕 我国古建雕刻艺术及青砖雕刻工艺品，由东周瓦当、汉代画像砖等发展而来。在青砖上雕出山水、花卉和人物等图案，是古建筑雕刻中很重要的一种艺术形式。主要用来装饰寺、庙、观、庵及民居的构件和墙面。

性标志。

1877年，为了宣扬吕洞宾"施医治病，惩恶扬善，行侠布道"的蓬莱精神，由知府贾湖、总兵王正起倡建吕祖殿。

吕祖殿位于宾日楼南，坐北朝南布局，由重门、正殿和东西两底组成，皆为庙宇式建筑。

正殿为三开间硬山结构，北壁与宾日楼联体，长9米，进深8米。殿内设高台神龛，中祀吕洞宾坐像，左右侍立药童和柳树精。

吕岩"寿"字碑位于正殿前明廊西端，"寿"字草书，笔力雄健，盘郁苍劲，碑下款署"光绪甲申仲冬勒于蓬莱丹崖之吕祖阁志斋郑锡鸿谨摹"。

吕祖殿东，有明朝大臣黄克缵的《东牟观兵夜宴蓬莱阁》诗刻石、姚延槐"海天一色"碑等。

在清代嘉庆、道光和光绪年间，位于天后宫西北

药童　古代对从事一般中药加工技术的人员的称呼。唐代太医署中始设有药童24人，其职责是在主药的带领下加工、整理药品。这类人员一般都年龄偏小，故称"药童"。

■ 蓬莱阁吕祖殿内的"海天一色"碑刻

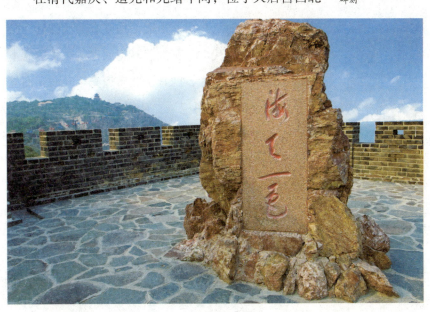

■ 蓬莱阁内的"八仙"雕塑

铁保（1752—1824），即乾隆帝之子哲亲王、清代书法家，他早年曾学"馆阁体"书法，后学唐代书法大家颜真卿，纠正"馆阁"带来的板滞之病。他与成亲王爱新觉罗·永瑆、刘墉、翁方纲，称为清代四大书家。著有《惟清斋全集》《惟清斋字帖》《人帖》和《惟清斋法帖》等。

丹崖绝顶的蓬莱阁楼均曾得以修葺，为双层木结构楼阁建筑，它坐北朝南，东、西两侧前方各筑偏房、耳房，对称分布。耳房也作门厅，有道路连接偏房及登阁石阶。

蓬莱阁楼前两耳房北山墙下均立有清代碑刻，共三方，系清朝历代对蓬莱阁及其附属建筑竣工后立下的纪念性碑刻。其中，西耳房北有道光年间面东而立的《重修登州蓬莱阁记》，碑高2.3米，文以行体大字书就，颇有气势。

西耳房内西壁嵌有"日出扶桑"、"晚潮新月"等蓬莱十大景刻石十方，均为清代之物。西偏房内存有历代碑刻十余方，如《登州天桥闸口捐康挑沙记》碑、《重修蓬莱阁记》碑、《修登郡西道路记》碑、长白英文书法刻石等，均具较高的史学价值。

蓬莱阁楼底层长14多米，进深9多米，四面回廊，明柱16根。正门上方悬"蓬莱阁"巨匾，为清代书法家铁保手迹。

室内粉壁上原有历代遗留的诗文、题字和绘画。阁内北壁正中高悬清代书法名家铁保所书之"蓬莱阁"巨匾，字体雄强浑厚，劫后幸存，吉光片羽，弥足珍贵。

蓬莱阁楼内西壁悬挂有众多题诗和题联。室内木质梁柱彩绘"蓬莱十大景"、"八仙图"、"风竹图"等图案。周遭摆放八仙桌、八仙椅，中央塑有"八仙醉酒"组塑，是根据"八仙过海"传说中八仙在蓬莱阁上放浪形骸，酒醉后各显神通渡海遨游的情节创作的。

蓬莱阁底层北墙外壁嵌有"碧海清风"、"海不扬波"、"寰海镜清"大型刻石三方。"碧海清风"刻石为清代书家鲁琪光墨宝。"海不扬波"刻石在中日甲午战争期间，不幸弹中，"不"字受损，其伤痕仍然清晰可见。粉壁上南海才子招子庸所绘之墨竹图等一

招子庸（1793—1846），本名功铭山，号"明珊居士"。广东南海横沙人。他不但是卓越的画家，而且还是一个通晓韵律的音乐家。他运用广州方言所著的《粤讴》，深受人们喜爱，被誉为"粤讴鼻祖"，有英国人以《广州情歌》为名把它介绍到欧洲去。代表作品有《蕖葭郭索图》《粤讴》和《留庵随笔》。

■ 蓬莱阁"海不扬波"石刻

蓬莱仙岛

批珍贵字画，也绝迹人间。

　　至清代末年，整个蓬莱阁建筑群规模宏大，总建筑面积达18900余平方米。蓬莱阁南有三清殿、吕祖殿、天后宫、龙王宫等道教宫观建筑；阁东有苏公祠，东南有观澜亭。

　　蓬莱阁西侧为海市亭，因其三面无窗，亭北临海处筑有短垣遮护，亭外海风狂啸，亭内却燃烛不灭，又名"避风亭"，亭内墙壁上嵌有袁可立《观海市》诗石刻九方。整个建筑陡峭险峻，气势雄伟，朱碧辉映，风光壮丽。

阅读链接

　　在蓬莱阁天后宫正门前、戏楼两侧，各有红褐色的巨石三尊，两两相对，像"三台星"座，显得奇特极了。

　　古时，"三台星"是"星宿"，也叫"三能星"，属太微垣。为此，清代大学者阮元命名此石为"三台石"，刻石嵌于天后宫前殿外壁上。

　　后来，蓬莱知府张辑因六石排列形式像易经中的八卦之一坤卦"☷"，"爻"是易卦的基本符号，八卦变化取决于爻的变化，所以称它为"坤爻石"。据说，这是当年劈山建阁时特意留下作为点缀的。

越秀镇海楼

古时，在我国有四座镇海楼，分别是：越秀山镇海楼、香港镇海楼、福州镇海楼和宁波镇海楼。

其中，要数广州的越秀山镇海楼最为出名，该楼始建于1380年，是古代广州的标志性建筑之一。

广州越秀山镇海楼坐落在越秀山小蟠龙冈上，绿琉璃瓦覆盖，饰有石湾彩釉鳌鱼花脊，朱墙绿瓦，巍峨壮观，被誉为"岭南第一胜览"。

明代洪武年间始建镇海楼

传说，朱亮祖原是一介武夫，归顺吴王朱元璋后屡立战功，曾经领兵一举攻下广州城，是辅助朱元璋开国的有功之臣。因此，明太祖朱元璋在得天下后，就封他去广州做了镇守南疆的"永嘉侯"。

朱亮祖很信风水，心想当今皇上小时候只是个放牛的，而后来却

重建的越秀镇海楼全景

■ 越秀镇海楼背面

做成了天子，一定是他家的风水很好。于是，他就经常带着风水先生在广州四处寻找风水宝地。

有一天，朱亮祖就去了越秀山。当时的越秀山，林壑幽深，古木参天。只见小蟠龙冈一带环山面水，气势雄伟，又听风水先生的一通吹嘘，他便决定把自己的府第建在那儿。

当晚，朱亮祖高兴得多喝了两杯酒，发觉自己正站在新府第前眺望大海，南面就是宽阔的珠江，古时粤人称为"珠海"。

突然，只见海中飞出一条青龙来。张牙舞爪，尾卷残云，鼻孔喷出的水柱直冲苍昊，紧接着便是晴天霹雳，电闪雷鸣。这情景把朱亮祖吓了一大跳。

朱亮祖正想转头入屋，却见白云缭绕的越秀山上冲出一条赤龙来，鼻嘴喷火，那火柱比青龙喷出的水柱还要高。也是张牙舞爪，扑向青龙。双方立即展开了一场恶斗，只见巨浪冲天而起，火海铺天盖地，最

天子 在我国古代时期，封建君主认为王权为神所授，其命源天对封建社会最高统治者的称呼。自称其权力出于神授，是秉承天意治理天下，故称帝王为天子，也自称为朕。朕代表皇帝的说法，出自于秦国丞相李斯。他对秦始皇说："臣等昧死上尊号，王为泰皇。命为制，令为诏，天子自称曰朕。"

■ 镇海楼的红墙绿瓦

龙穴 一般是指
神话传说中神物
"龙"的居住
地。在古代风水
学术中，"龙
穴"代表大富大
贵之地，指山的
气脉所结处，比
较适合建筑居所
的地方。如《秘
传水龙经》云：
"横宫龙穴生荣
显，借合穿龙主
发财。"

后青龙力气不支，逃回海底去了。

朱亮祖夫人推门进来后，他猛然惊醒，才知是南
柯一梦。回味梦中情景，不知主何凶吉，忙叫幕僚进
来占梦，结果不得要领。

他的那帮谋士，有的说越秀山上出赤龙，主羊城
要出能人了，大吉；有的说两龙相斗，主天下祸乱，
大凶；还有的说二龙相争，火胜水败，主天下大旱，
有灾害。众说纷纭，朱亮祖也不知听谁的好。

没两天，这事就传了出去，广州老百姓听了，随
即全城人心惶惶。这下子，朱亮祖也惊慌起来，急忙
修本，星夜派人进京启奏洪武皇帝，请皇上定夺。朱
元璋看了奏章，也心中不安，就传著名谋士刘伯温进
殿一决疑难。

刘伯温问明情况，明白这不过是永嘉侯日有所思
夜有所梦而已，而且这梦要怎么断都行，心想当前

还是安定民心要紧，便对朱元璋说：这是个吉兆，赤色火龙乃皇上圣明；青色妖龙乃海上盗贼，因为当时海盗猖獗，海疆不宁，盗贼潜逃，主大明天下兴旺强盛，固若金汤。可令永嘉侯建一四方塔楼镇住海妖，便可保大明江山永固了。

朱元璋听说是吉兆，也很高兴，但静下心来一想，这越秀山上飞出龙来，打赢的还是条喷火的赤龙，这总叫人不放心：莫非那里有"龙穴"不成？做皇帝的，谁不担心天下又生条龙出来？于是下令朱亮祖在观音山上风水最好的地方修一座塔楼，目的就是要封住"龙穴"。朱亮祖不敢有违圣旨，就在自己打算建府第的地方建了这座塔楼。

据说，镇守广州的永嘉侯朱亮祖接到朱元璋谕旨时，正把宋代的东、西、中三城合而为一。因此，他在1380年趁势开拓广州北城约2600米，将城墙跨到了越秀山上。

这一次，他在越秀山小蟠龙冈上、北城垣最高处建起了一座砖石砌筑的"楼成塔状，塔似楼形"的五层高楼，楼呈绛红色，有"辟邪镇王"之意，同时从楼的位置及高度而言，可起到壮广州城之势的作用。据《大明一统志》在《广东布政司·广州府》中所载

刘伯温（1311—1375），本名刘基。元末明初的军事家、政治家及文学家，通经史、晓天文、精兵法。他以辅佐明太祖朱元璋完成帝业、开创明朝并尽力保持国家安定，因而驰名天下，被后人比作"诸葛武侯"。他在文学史上，与宋濂、高启并称为"明初诗文三大家"。

121

雄镇海疆

越秀镇海楼

■ 镇海楼木结构

怀圣寺光塔 是
我国伊斯兰教古
迹，位于广东广
州光塔路怀圣寺
院西南隅，与寺
并立。怀圣寺光
塔原名"邦克
塔"。据说，因
"邦"与"光"
在粤语中音近，
因而误称为"光
塔"。还有说是
因塔呈圆筒形，
耸立珠江边，古
时每晚塔顶高竖
导航明灯而得
名。也有说是因
塔表圆形灰饰，
望之如光洁银笔
而得名。

122

楼阁雅韵

神圣典雅的古建象征

镇海楼城防炮

"望海楼"条目全文记：

> 望海楼，在府城上北，本朝洪武初建，
> 复檐五层，高八丈余。

在那时候，珠江水面非常宽阔。其北岸大概是西起后来的蓬莱街，中经和平路、一德路、泰康路，东至东华路一线；河南江岸大约推进至堑口一带，江面宽阔达600余米，大概为后来珠江水面宽度的三倍以上。

当时，粤人称珠江为"珠海"，再加上天气晴朗，可视度大，登楼就得以清楚地看到"珠海"，因而该塔楼命名为"望海楼"。但百姓多因望海楼高五层，而又俗称为"五层楼"。

由于望海楼建于广州城最高的地方，它周围的六榕寺花塔、怀圣寺光塔的海拔高度都不及它，所

以它一直是古时广州城最高的建筑物，所谓"楼冠全城"。从此，望海楼就成了人们登临览胜、遥赏珠海白云景色的好去处。

■ 越秀镇海楼匾额

在明代成化年间，两广军务提督韩雍曾对望海楼重加修治，但后来全楼竟被火焚毁了。

1545年，两广军务提督蔡经与侍郎张岳又重建了镇海楼，因当时倭寇不断侵扰我国东南沿海边陲，海疆不靖，需强化海防，于是张岳为之题名"镇海楼"，含"雄镇海疆"之意。这是望海楼始建以来的第一次重建。经此次重建后，据张岳的《镇海楼记碑》记载：

规制如旧，而宏伟壮丽视旧有加。楼前为亭曰仰高，左右两端跨衢为华表，左曰驾鳌，右曰飞蜃，旧所无也。

华表 是古代宫殿、陵墓等大型建筑物前面作装饰用的巨大石柱，是我国一种传统的建筑形式。相传华表既有道路标志的作用，又有为过路行人留言的作用，早在原始社会的尧舜时代就已经出现了。

由此可见，镇海楼相对于先前的望海楼而言，不仅在楼前增建了仰高亭，在楼的左右两侧则增建了"驾鳌"和"飞蜃"两座华表，使整个镇海楼都更加宏伟壮丽了。明代诗人陈子升曾留下名篇《忆秦娥·望江楼》：

> 望江楼，遥峰极目悬清秋。悬清秋，青牛关上，白马潮头，风前吹笛悲啾啾，试将檀板调新讴。调新讴，百家村外，九曲江流。

1637年，广东布政司姜一洪再次重新修缮了镇海楼。镇海楼楼前对峙一对高达2米的红砂岩石狮，全楼高25米，呈长方形，阔31米，深16米，共五层。

下面两层围墙用红砂岩条石砌造，三层以上为砖墙，外墙逐层收减，有复檐五层，绿琉璃瓦覆盖，饰有石湾彩釉鳌鱼花脊，朱墙绿瓦，巍峨壮观。

阅读链接

传说，有一天，明太祖朱元璋和铁冠道人同游南京钟山，游兴正浓之时，铁冠忽然指着东南方对朱元璋说："广东海面笼罩着青苍苍的一股'王气'，似有'天子'要出世了，必须立刻在广州建造一座楼镇压住'龙脉'，否则日后必成大明的祸患。"

朱元璋听后，游兴顿失，急忙派人去广东查询，果然发现广州的越秀山上现王者之气。于是，他就立即下诏，命镇守广州的永嘉侯朱亮祖在山上建一座楼将王气镇住。

圣旨下来，朱亮祖很快就在越秀山上造了一座塔楼，起名"望海楼"。相传永嘉侯建造此楼后，镇守粤中的封疆大吏中再没有心怀异志的乱臣贼子。

清代对镇海楼多次重修重建

　　清代初年，清军攻陷广州，镇海楼因遭战火而损坏。1651年，平南王尚可喜在原楼基础上对镇海楼进行了始建后的第三次大修。因镇海楼靠近平南王王宫，所以禁止州人登临，并驻军越秀山，设官守卫，楼上放鸽，楼前驯鹿。

　　1661年，李栖凤任两广总督时，在楼上祀文武帝君，镇海楼再次

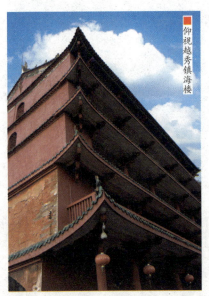
仰视越秀镇海楼

成为广州人登临览胜之地。

镇海楼坐北向南，翘檐飞脊，巍峨挺拔，雄镇山巅，气度非凡，独具特色。清初著名诗人屈大均盛赞镇海楼山海形胜、玮丽雄特，虽黄鹤楼、岳阳楼不能超过它，实"可以壮三成之观瞻，而奠五岭之堂奥"。镇海楼气宇非凡，清代时曾以"镇海层楼"被列为"羊城八景"之一。

诗人政客每登临其上，皆感慨万端，有关镇海楼的名人诗作甚是丰富，叫人叹为观止，主要有咏迹怀古、抒怀咏志两个题材。其中，以清代初期的著名诗人、广东佛山人陈恭尹的《九日登镇海楼》影响最广：

清尊须醉曲栏前，飞阁临秋一浩然。
五岭北来峰在地，九州南尽水浮天。

1683年，由于"三藩之乱"，镇海楼再次被毁坏。两年后，由两广总督吴兴祚及广东巡抚李士祯重建此建构。在康熙年间，当时的著名学者沈元沧曾登临镇海楼眺海，并赋诗《登镇海楼》：

凌虚白尺倚危楼，似入仙台足胜游。
半壁玉山依栏崎，一泓珠水抱城流。
沙洲漠漠波涛静，瓦屋鳞鳞烟火稠。
黄云紫气消皆尽，还凭生聚壮炎州。

后来，镇海楼曾再度重修，重修工程仍然按照明代旧基垒筑。在镇海楼两旁仍然有长约170米的明代古城墙。重建后的镇海楼高28米，歇山顶，复檐五层，红墙绿瓦，雄伟壮观。

首层面阔31米、深15.77米，山墙厚3.9米，后墙厚3.4米；每层向上有收分，面阔及墙厚尺寸均有递减，第五层面阔为26.4米、深13.67米，山墙厚1.65米，后墙厚1.3米。楼前碑廊有历代碑刻，右侧陈列有12门古炮。

清末爱国将领丁汝昌在登镇海楼后，曾赋诗感叹道：

如此江山，对碧海青天，万里烟云归咫尺；

莫辞樽酒，值蕉黄荔紫，一楼风雨话平生。

镇海楼形状奇特"楼成塔状，塔似楼形"。在这种形式简练、细节繁琐的传统建筑形象中，对称是其最突出的形态，其中蕴含着自然美的形象象征以及对大自然的有机模仿。

从风水角度看，这种奇特形状寓意深刻：越秀山为白云山的余脉，是"生气融结"所在，建楼者认为压住此脉便压住了南方霸气。

在色彩搭配上，镇海楼的红墙

■越秀镇海楼屋脊

琉璃瓦 据文献记载，琉璃一词产生于古印度语，随着佛教文化而东传，其原来的代表色实际上指蓝色。我国古代宝石中有一种琉璃属于七宝之一。现在除蓝色外，琉璃也包括红、黑、黄、绀蓝等色。施以各种颜色釉并在较高温度下烧成的上釉瓦因此被称为琉璃瓦。

绿瓦和谐统一，也显得非常气派，红黄色调的大胆搭配是我国古建筑一贯的风格，只是到了明代，规定除皇家城门楼可用黄色琉璃瓦外，地方城门楼只能用绿色。

因此镇海楼外墙就用了红色，屋顶用的是绿色琉璃瓦，红墙绿瓦是对比色，红墙不反光，绿瓦反光，这样显得既对立又统一。

镇海楼的西面建有碑廊，陈列着历代碑刻24方。在林林总总的碑刻中，值得一提的是"贪泉"碑刻，上面刻有晋代广州刺史吴隐之的《贪泉诗》：

古人云此水，一歃杯千金。
试使夷齐饮，终当不易心。

■ 绛红的古楼越秀镇海楼

据传，他之所以写此诗，有一个发人深省的故事：东晋时期，广州由于地处南海之滨，比较富庶，而当地官吏贪污成风。有所谓"经城一过，便得三千两"之说。

广州北石门，是中原往来广州必经之地。石门有一泉水，名为"贪泉"。据说，到广州上任的官员一旦喝了贪泉水就会变为贪官。

后来，吴隐之做了广州刺史。当他到广州赴任经石

■ 越秀镇海楼四方
炮台

门，听说贪泉水会改变人原来廉洁之性的传说后，他特地酌泉水饮并写了《贪泉诗》。

吴隐之以诗铭志，在广州为官期间，果然清廉自持，留下一个清官形象。后人因而在贪泉建碑，以警示贪官污吏。此碑原竖于石门，后来才移到此处。

在碑廊旁边，有一批古炮，是明清时期广州城防大炮，其中四门由佛山所造。当年，清代爱国将领林则徐到广州禁烟，为加强广州城的防务，命佛山炮工铸造一批大炮，这些土炮便是当年所铸的。

大铁炮原安放在越秀山炮台，曾在广州人民抗击外国侵略者的斗争中发挥了重要作用。

其中，部分铁炮和炮台一同遭遇侵略者的严重破坏，炮身两侧的炮耳被打断，点火的炮眼用铁钉钉死，使大炮失去了作用。

在镇海楼顶层正面，高悬着 "镇海楼" 金色巨

吴隐之 生卒年不详，东晋濮阳郡城人，曾任中书侍郎，左卫将军，广州刺史等职，官至度支尚书，著名廉吏。他在做广州刺史之前，先是为东晋杰出军事家、权臣桓温所知赏，拜奉朝请尚书郎；接着被东晋将领谢石点名要过去做主簿；再后来是入朝做中书侍郎。

匾，两边有一副木刻的楹联：

> 万千劫危楼尚存，问谁摘斗摩星，目空今古；
>
> 五百年故侯安在，使我倚栏看剑，泪洒英雄。

楹联是清光绪年间，以兵部尚书衔赴粤筹办海防的彭玉麟授意其幕僚李棣华所作。联中的"故侯"即镇海楼建筑者朱亮祖，而今楼存人故，可证历史沧桑。"目空今古"和"泪洒英雄"则是有感而发。当年彭玉麟因中法战争率军入粤，驻节镇海楼上。他反对李鸿章议和不成，也只有"泪洒英雄"了。

李棣华深知上司胸怀和遭遇，故由咏楼而意境磅礴，是闻名海内外的名联。镇海楼下，物换星移，人世全非。只有这绛红的古楼，经历无数劫难，多少风霜寒暑，兵荒马乱，碧瓦朱墙依然如故，它仿佛历史长者的身份，不知疲倦地向人们诉说着逝去的岁月。

登上镇海楼，极目江天万里，只见山上绿树婆娑，十里翠屏，姹紫嫣红，景色秀美，珠江两岸彩虹飞架，琼楼玉宇鳞次栉比，珠水如带。蓝天、白云、红花和绿树，构成了一幅幅无比秀丽的广州图画，令人豁然开朗，心旷神怡。

阅读链接

在清代，镇海楼不仅一直是广州最高、最具气势和最富民族特色的建筑物，它还一度成为海上航行的"航标"，远远地看见镇海楼，航行的人就知道广州城不远了。

古时，广州有句民谚，"不登镇海楼，不算到广州。"作为数百年来广州最有名的地标性建筑，昔日的镇海楼上可观万顷碧波，浩瀚接天的壮观景象。

后来，由于珠江较明朝初年至少南移了400多米，站在镇海楼上登高眺远，则更多的只是见到越秀山的郁郁葱葱了。

福州镇海楼

　　福州镇海楼位于屏山之巅，为我国九大名楼之一。1371年始建，原是作为各城门楼的样楼，后更名为镇海楼，清人又称越王楼，是福州古城的最高楼，为城正北的标志，并作为海船昏夜入城的标志，"样楼观海"曾是福州西湖外八景之一。

　　镇海楼历经600余年沧桑，屡建屡毁。后经重建，楼体由基座层、台基层及二层楼阁组成，总高为31.3米，其中台基高10米；基座层内设地下宫，台基层、楼阁一层作为展厅，二层作为观景主厅。

明代为防御倭寇建镇海楼

　　古时，屏山、乌山和于山合称福州三山，是福州的标志和代称。屏山因山峰形状像一座大屏风而得名，也因曾有越王在山麓建过都城，又名"越王山"。宋代诗人陈轩曾写诗赞美三山美景说：

城里三山古越都，楼台相望跨蓬壶。

有时细雨微烟罩，便是天然水墨图。

重建的屏山镇海楼全景

■ 重建的屏山镇海楼侧面

明代初期，福州经常发生海患。为了防御倭寇的入侵，也为了福州城的发展，明太祖朱元璋决定加强福州城墙的防御工事。为了重建被元代统治者推倒的旧城，1371年朱元璋派出他的女婿驸马都尉、行省参政王恭到福州，负责砌筑石城"福州府城"。

福州府城北面跨屏山，南绕于山和乌山。城墙东、西、南三面依宋代的外城遗址修复。王恭深知城墙在战争防御中的重要性，因此他将福州城墙北段从屏山下扩建到了屏山之上。

同时，王恭将乌山、于山、白塔和乌塔全部揽入了福州城内，使屏山半坐在城里半坐在城外，从而给无险可守的福州城在城北设置了一道人造天险，可以

行省 南宋、金时已有行省之称。元朝时，中央最高行政机关为中书省下置行中书省，简称行省，后又渐成最高地方行政区名称。明初加强中央集权，撤销行中书省，改设承宣布政使司，而习惯上仍称行省，简称省。清初增为18个行省，后又增为22个行省。

居高临下视城北。

歇山顶 歇山式屋顶，宋朝称九脊殿、曹殿或厦两头造，清朝改今称，又名九脊顶。为我国古建筑屋顶样式之一，在规格上仅次于庑殿顶。歇山顶共有九条屋脊，即一条正脊、四条垂脊和四条戗脊，因此又称九脊顶。由于其正脊两端到屋檐处中间折断了一次，分为垂脊和戗脊，好像"歇"了一歇，故名歇山顶。

王恭在修建城墙之后，又开始修建福州的七座城门。为了修好这七个城门楼，王恭先在屏山之巅建造了一座谯楼，名"屏山楼"，既作为福州北门的城楼，也作为后来七座城门楼的样楼，后改名"样楼"，屏山也因此改名为"样楼山"。

在修建"样楼"之初，王恭参考了福州威武军门以及国内当时比较先进的一批城门楼，借鉴各地城楼的优点修建了这个样楼。

之后，随着样楼建成，福州东西南北的井楼门、水部门等七座门便依照样楼修筑完成。样楼渐渐被文人和老百姓当作了一座风水楼。

从此，福州的三山之上，各有标高之志。屏山有样楼，乌山有乌塔，于山有白塔，从而形成了"三

134

楼阁雅韵

神圣典雅的古建象征

■ 庄严的镇海楼

山两塔一座楼"的格局。屏山样楼北倚北峰，南有五虎山为案，东衬鼓山，西托旗山。左前于山相扶，右前乌山呼应。乌龙、白龙双江如玉带环腰。

样楼是飞檐翘角、重檐歇山顶的双层城楼，高约20米，进深约22米，面宽约41米，占地面积约1000平方米，建筑面积约2000平方米。

明代时，样楼是当时福州最高的建筑物，成为福州城正北的标志。据说，当年登样楼可以远眺闽江口乃至东海，而远处的高山则似泥丸低矮。于是，海船夜航进闽江口，都以样楼为航标。

突出于城市天际轮廓线的样楼，从建成之日起，便成为进出闽江口航船的重要标志。每当五虎门潮水上涨，大船进出江口均以样楼为"准望"，即航行标志物，即使夜幕初降或且雾气笼罩，航海者均参照航标，找到进港的方向。

据说，王恭擅长吟诗作画，由于其名气的影响及镇海楼本身的标高优势，镇海楼从一落成起，就一直是福州文人雅士的聚集地。"登斯楼发幽古之思情"，"无诸城北样楼开，万井烟花拂槛回"。

"粤王山拥海潮流，山上嵯峨镇海楼"，是较早的一首登镇海楼的诗句。明代闽中十才子之一的陈

■ 镇海楼牌坊

诗 是吟咏言志的文学题材与表现形式，汉代以后《诗》则专指我国最早的诗歌总集《诗经》。诗的题材繁多，一般分为古体诗和新体诗，如四言诗、五言诗、抒情诗、朦胧诗等。诗的创作一般要求押韵，对仗和符合起、承、转、合的基本要求。

亮，写下《冶山怀古》诗：

东西屹立两浮屠，百里台江似帝纡。
八郡河山闽故国，双门楼阁宋行都。
自从风俗归文化，几见封疆入版图。
唯有越王城上月，年年流影照西湖。

明代的建筑以木构为主，城市建筑除了两塔之外，大多是紧贴着地面扩展，而城北居中的山巅上建起的样楼，只要登上楼层最高处，立即就会对海路交通有一种掌控感，所以，样楼此后也渐渐地就有了"镇海楼"的美名。

那时候，木构的福州城火患不绝。于是，在镇海楼前右侧的山坡地上，就设置了一些用六根小石柱围起来的石缸，共七组，按北斗七星方位排列，称"七星缸"。

每口缸上圆下尖，呈陀螺状，缸口直径50厘米，缸深70多厘米，由花岗岩凿成，底部是一个莲花座，斗勺盛水，意在降伏火灾，喻示福州城平安吉祥。据说缸里的雨水全干的话，福州就会闹旱灾，所以平时缸里的雨水都是满的。

另传说，王恭是个风水先生，他实际上是为福州城建造了一座风水楼。

莲花座 据传释迦牟尼和观世音菩萨颇爱莲花，用莲花为座，自此所有寺院里的佛像都是以莲花为宝座，称为莲花座。莲瓣座分为四层，莲瓣除每瓣边缘处，绘制白、红、白三条曲线勾边。每个莲瓣的外表还绘制图案。有的莲座在仰莲处不绘制花朵，而只渲饰色彩，勾边图案。

■ 屏山镇海楼石碑

闽越人的蛇文化在汉化之后，一方面继续了闽文化对蛇的崇拜，另一方面又用中原汉人的眼光看待蛇，要让它长角变成龙，让它腾飞。

当时，建造白塔、乌塔的民间传说就充分表达了这一思想，而在民间被称为"龙舌"的苔泉之上的"龙首"山头建造镇海楼，就如同在桂冠为福州之龙加冕。

■ 绿树红楼

1373年，福州中卫指挥李惠"加建"镇海楼。据明代正德年间的《福州府志》卷四"地理志·城池"记载：

> 府城……国朝洪武四年，驸马都尉王恭修砌以石。六年，福州中卫指挥李惠加建楼橹……北据越王山巅，有样楼与谯楼……

1446年，镇海楼因火灾被毁，但很快在成化年间得到重建。据明代万历年间的《福州府志》卷七十二"杂事志·古迹"记载：

> 屏山楼，在屏山之巅。正统十一年火。复重建，今圮。

风水先生 指专为人看住宅基地和坟地等地理形势的人。在我国民间，将风水术多称为"风水"，而把做此职业者称为"风水先生"，由于风水先生要利用阴阳学说来解释，并且人们认为他们是与阴阳界打交道的人，所以又称这种人为"阴阳先生"。

玄武 是一种由龟和蛇组合成的一种灵物。玄武的本意就是玄冥，武、冥古音是相通的。玄，是黑的意思；冥，就是阴的意思。玄冥起初是对龟卜的形容：龟背是黑色的，龟卜就是请龟到冥间去询问祖先，将答案带回来，以卜兆的形式显示给世人们。因此说，最早的玄武就是乌龟。

1483年，镇海楼第一次被台风刮倒，该楼自始建至这次被毁，存在了大约100年。据明代正德年间的《福州府志》卷四"地理志·城池"记载：

> 门有七……门之上，外楼二层，中楼三层，高、广与样楼齐……成化间，尝为大风所坏，镇、巡重臣佥议，修复如旧。正德初，又经重修。

正德初年，镇海楼重建。1613年时又再次不幸毁于飓风，这次重建在万历末年。明代学者王应山在他的《闽都记》卷八说：

> 国初筑城，创样楼山巅上，祀玄武，今更名镇海。

■屏山镇海楼长廊

玄武，就是道教的真武大帝，它原是龟，为水神，北方之神，在镇海楼上奉祀玄武，其寓意就是为福州镇邪招福。王应山之子王毓德在《九日登镇海楼》诗中说：

> 诗社仍开九日楼，松声寒泻白云秋。

由此诗可知，明代万历以后，镇

海楼已经发展成为了当时的诗社之所，是福州文人雅士的云集之地。但不幸的是20多年后，镇海楼于1641年因飓风第四次被毁。据清初海外散人《榕城纪闻》记载他亲身经历：

屏山镇海楼传统木门

> 崇祯十四年，春，大旱。
> 七月初一日，飓风大作，自初
> 更至五更乃止。荡坏民居屋宇
> 无数，样楼及南门城楼、贡
> 院、巡抚辕门、万岁塔尾等皆圮。

　　这一次镇海楼重建，大约在崇祯末年。在明代，镇海楼自建以来，数次被毁，数次重建。但明代历史上的镇海楼始终都是福州古城的标志性建筑，为江南三大镇海楼之一，也是我国古代名楼之一。

阅读链接

　　在明朝，福州人看作神圣而宏大的"宝物"镇海楼出现在屏山之上。这"宝物"传说是当时百姓，祈求福州城不受台风侵蚀、暴风施威而永享太平以宗教形式向天地敬献的。

　　据说，福州自从有了镇海楼这一"宝物"之后，福州城的确少了台风等自然灾害的侵袭。大自然在人们强烈意识的作用下巧合了人们的善良愿望。冥冥之中得到"应验"，让许多人不禁感叹："福州，乃有福之州"。

清代以后镇海楼屡毁屡建

　　明清以后，镇海楼成为"太平盛世"的象征，所以屡毁屡建。在1659年7月镇海楼又一次被台风吹倒了。《榕城纪闻》记载：

　　　顺治十六年七月三十日，大风起，自辰至未，坏样楼、鳌峰亭，开元寺大殿、铁佛殿、尊经堂、石坊并七门城楼，其余衙门、公署、民居无不飘荡。其风比辛巳年更大，所在倒折更多。

■ 镇海楼全景

在康熙年间镇海楼进行了三次重建。据雍正年间的《福建通志》记载：

> 康熙初重建，复毁。后总督姚启圣、郭世隆相继兴建。

■ 屏山镇海楼内景

1678年至1684年间，姚启圣任福建总督。后来，又有六位继任者。接着，1695年至1703年郭世隆任总督。其中，有两次重建的镇海楼存在的时间较短，只有20年左右。而总督郭世隆重建的镇海楼，存在时间较长，约有50年，但后来不幸于1760年秋毁于雷火。

关于这次被毁，乾隆年间的《福州府志补》记载较详细：

> 乾隆二十五年八月十五日向夕，山上霹雳一声，楼四面火出如灯，绿色，人皆以为雷火，乃属人意。按：自国初以来，毁已数次。
>
> 论者采形家言，谓："山尖而锐者，为火星，圆而秀者为文星。越王山其形尖锐似火，作屋不宜复用棱角。屋脊作卷棚以培之，庶可无患。"或亦有见。

姚启圣（1624—1683），清代康熙年间的杰出政治家，收复台湾的决定性人物之一，曾担任福建总督，当政期间以执法严明著称，在收复台湾战役中功勋卓著，著有《忧畏轩遗集》。

屏山镇海楼侧景

1785年，雷火再度焚毁了镇海楼。但不久，经"官匠建立"的镇海楼再度于1792年又一次被雷火焚毁了。当时，为镇海楼大兴土木的主要是官方倡建并与民间共集资。镇海楼仍为上下两层，以明代制式重建，虽经多次毁建，但其基本尺寸变化不太大。

乾隆年间，曾有人给镇海楼"算过命"，说越王山山形尖锐属火星之相，建筑物不宜再用棱角屋脊，应改作卷棚式圆形，就可以防火了，但镇海楼并未因此免予火。

后来，在镇海楼前的山坡地上，还曾设置过一些用六根小石柱围起来的石缸，共七组，人称"七星缸"，从"风水"角度上说，它象征着北斗七星按天象排列组合，也是为了防止火灾的。

过了68年，在1860年镇海楼又被雷火焚毁了。过了三个月，镇海楼就再次重建起来了。这次重建，因资金紧缺，其宽度缩减了1米。据光绪年间的《晦讷斋文集》记载说：

咸丰间改造，规制卑陋，不及四十稔，倾圮随之。

果然，不到40年，镇海楼于1892年再次坍塌。这一年，闽浙将军希元、总督谭钟麟和官绅都捐钱，整整用了一年时间重建镇海楼。其尺寸与旧制误差不超过一尺。竣工后，由福州学者谢章铤撰《重建镇海楼碑记》，由清末翰林院庶吉士陈宝琛挥毫题写碑文。

　　据说，在清代末年时，登上镇海楼仍可以看见大海。清末福州田园诗人魏杰《越王楼远眺》诗道：

欲穷千里目，独上越王楼。
双塔排城市，三山镇福州。
人从台际望，海入眼中收。
地杰钟王气，雄风自昔留。

　　因此，后来的福州西湖新增八景之一就有"样楼望海"一景。它与当年的福州的"龙舌品泉"等景一起被载入《新修西湖志》。

　　后来，光绪年间重建的镇海楼曾失于大火。之后，重修的镇海楼基本保持了明代的制式，城楼外观为重檐歇山顶加腰檐，城门式高台二层楼阁。施以斗拱，屋面使用陶制筒瓦和板瓦，檐口饰有瓦当、滴水，适当增加一些配套工程。

　　为了凸显该楼，重建时特

■ 镇海楼前的七星缸

太极 是我国思想史上的重要概念，初见于《易传》："易有太极，是生两仪。两仪生四象，四象生八卦。"与八卦有密切联系。原与天文气象及地区远近方向相关，后来被宋代的理学家以哲学方式进一步阐释。太极是阐明宇宙从无极而太极，以至万物化生的过程。无极即道，是比太极更加原始更加终极的状态，两仪即为太极的阴、阳二仪。

地抬高了一层约11米的架空台基，使它更宏伟、壮观。主体采用钢筋混凝土结构，台基采用城墙砖、首层台基地面采用金砖铺设，栏杆使用汉白玉雕作，所有露明梁柱外饰木质材料，小木作均采用实木。

重建后的镇海楼楼高、进深、面宽均严格按古建筑的尺寸和规制建设。楼高22.3米，台基高10米，由基座层、台基层，基座层内设地下宫。面阔43.5米，进深24.5米。门窗及牛拱等均为实木，吊顶为平暗式，并与梁架之间施以弯枋、一斗三升，为典型的福州传统建筑式样。

在镇海楼门前七星缸附近，有一座外面插着四簇雕花小石柱的三层圆台，其中心镶嵌阴阳鱼，即太极图，共60甲柱，代表时间的周期。在此设60甲柱，寓意福州百姓的福祉周而复始，无穷无尽。

此外，镇海楼前还建有登山的青石道，道路中间有三组各九层台阶，海浪翻滚，蟠龙出海，堪比皇家"御路"规格。

■ 镇海楼前的设施

"镇海楼"匾额

镇海楼一楼大厅中央，设有金丝楠木梅花雕屏，上面题有"清客肯来榻还下我"的词句。陪侍这扇屏风的，是七八十厘米高、一剖为二的巴西紫水晶洞。

在大厅西侧，供养在镇海楼建筑模型右侧的，是热心人费尽心力从海南弄来的"佛教七宝"之砗磲、珊瑚。水晶、砗磲、珊瑚，都是辟邪之物，有了它们，庇佑福州城的镇海楼，更加法力无边了。

大厅东侧书案正中竖屏是光绪三年一甲一名进士王仁堪的手迹。此人当官当得很出色，授修撰，入直上书房，出为镇江知府，殉职于苏州知府任上，官声颇佳。

二楼正面飞檐斗拱的中心悬挂着巨大的"镇海楼"三字横匾，背面相对应位置以同样大小的横匾上书"厚德载物"四字。

楼内布置有各色红木家具、古董及珊瑚等，还有

辟邪 广义的辟邪，或者民俗中的辟邪应该指一种行为以及它所引起的一些礼仪形式。我们在艺术史中说的辟邪是狭义的辟邪，是广义的辟邪行为所寄托的一种实物形式，或者说是辟邪行为的一种工具。所以可将广义上的辟邪称为"辟邪行为"，将辟邪行为中所要使用的工具称为"辟邪工具"，而将辟邪艺术品将称为名词"辟邪"。

■ 镇海楼内的"厚德载物"匾额

著名爱国将领林则徐所撰对联：

海纳百川有容乃大；
壁立千仞无欲则刚。

　　整座镇海楼雄踞于福州古城中轴线端点的屏山之巅，仍然是俯瞰福州城及福州三山及西湖周边景色的登高眺望点。其建筑重檐飞角，冲霄凌汉，在一定程度上又恢复了三山二塔之间的格局。

阅读链接

　　传说，镇海楼建造之初，除了防御之外，更是为了明代海上航行安全，而作为福州入港船的定位标。在当时，明代建筑以木构为主，福州城内除了乌塔、白塔外，大多是紧贴地面扩展。而屏山顶的样楼向东极目远眺，可以看见闽江。

　　郑和下西洋后，福建作为海上丝绸之路的起源地之一，随即成为海上贸易的重要传播地。当时到福州的海外船只，在开至鼓山脚下时，都可以看见镇海楼，因此其从建成之日起，便成为进出闽江口航船的重要标志。每当五虎门潮水上涨，大船进出江口均以镇海楼为"准望"，即航行标志物。

贵阳甲秀楼

甲秀楼位于贵阳城南的南明河上，以河中巨石为基而建。始建于明代，后楼毁重建，改名"来凤阁"，清代时恢复原名。

后来的甲秀楼重建于1909年，朱梁碧瓦，四周水光山色，名实相符，堪称"甲秀"，是贵阳历史的见证，是贵阳文化发展史上的标志。

甲秀楼主体为三层，由桥面至楼顶高约20米。楼侧由石拱"浮玉桥"连接两岸，桥上建有小亭叫"涵碧亭"。楼南有江南庭院式的"翠微阁"。

明万历年间始建甲秀楼

贵阳甲秀楼景观

1413年，明代设置贵州布政使司，贵州正式成为省一级的行政单位。

后来，随着交通改善，大量移民、商人、工匠涌进贵州，他们使一向落后蛮荒的贵州"渐比中州"，迎来了历史上的第一个大开发，而贵阳更是因位于贵州境内、贵山之南而得名，并成为贵州的政治、经济和文化中心。

明代宣德年间，在贵阳城南的南明河畔，一组名叫"南庵"的颇具规模的建筑群悄然兴起，占地4000多平方米，这里原先是

一片寺庙和园林，明代著名哲学家王阳明曾经游览过的南庵便在这里。

■ 贵阳翠微阁景观

他在《南庵次韵二首》诗中写道："松林晚映千峰雨"、"渔人收网舟初集"。

到了明代弘治年间，"南庵"先后改名为"武侯祠"、"观音寺"。后来，随着明代著名哲学家王阳明的再传弟子马廷锡在南明河上建造"栖云亭"，讲学传道。"观音寺"又被改建成了翠微阁，从而把寺庙建筑与园林庭院合为了一体。

翠微阁依山临水而建，位于后来甲秀楼南，两者连为一体，它以中轴线掘山筑台，逐层上升，两侧以同廊假山相连。

由翠微阁山门正门拾级而上，可达巍然友的拱南阁。拱南阁高约20米，白墙青柱，飞檐翘角，金匾高悬，其造型于古朴中见生动。

在拱南阁阁西，为龙门书院，院内环境幽静，绿树成荫，长廊花墙四围，集幽、雅、雄、朴于一体。

王阳明（1472—1529），又名王守仁，明代最著名的思想家、文学家、哲学家和军事家，官至南京兵部尚书、南京都察院左都御史，是宋明心学的集大成者，他和儒学创始人孔子、儒学集大成者孟子、理学集大成者朱熹并称为"孔、孟、朱、王"。

阁东的清花空翠园，园内修竹婆娑，奇石临门，长廊花墙四围，端庄秀丽的翠微阁就玉立其中。

拱南阁往左，建有"澹花空翠"园，小巧的回廊，蓊郁的假山，盆栽的各种奇花名木，更有沿墙根栽种的那蓬蓬翠竹"绿拥翠微"。

那时候，在后来的浮玉桥桥下位置处，南明河至此处，波流较深，流水潆洄，远山环合，波光荡漾，深不见底，风景绝佳。被称为"涵碧潭"。

明代贵阳文人李时华曾题诗《涵碧潭》感吟：

一水绕山城，曾将洗甲兵。

秋波涵碧玉，春涨点红英。

龙卧归云湿，犀沉夜月明。

寒潭深万丈，彻底本无尘。

1595年，贵州巡抚杨时宁卸任。明神宗朱翊钧考虑到贵州地处荒僻的西南，土地贫瘠，生活落后，于是就派为官清廉，治政经验丰富的江东之出任贵州巡抚。

1596年，江东之出任贵州巡抚后，他首先从贵州各地矿税中抽出一部分，平价买田，用各种田地的租金所得作为专项公益费用，以济贫困。他的惠政善举，不仅帮助了饥寒无着的民众，而且对社会的安定起到了良好的作用，得到了百姓的好评。

1598年的一天，风和日丽，江东之与巡按应朝卿去城南一带游览。当他们看见南明河碧波荡漾，四周景色极佳时，特别开心。

但美中不足的是，霁虹桥一带河中有滩，流水既无曲折之姿，也无停蓄之势，成了易涨易落之象。涨水时则深潭容纳不了，落水时则河滩凸然显现。在古人看来，这是风水之大忌。

江东之看到这种状况觉得很难受：这岂不是贵阳人才与物产流失的现象？他在南明河停下了脚步，沉思着：如果在南明河上筑堤束水，即可以阻遏其水势，又可以回澜为泽。这不仅符合风水理念，而

■ 拱左侧的"澹花空翠"园

■ 贵阳甲秀楼浮玉
桥倒影

且增添了四周的美感。

于是，江东之把这个想法告诉了应朝卿。在应朝卿支持下，斥资2200两白银，组织民工在南明河上垒石筑堤连接南岸。经过数月的努力，一道石堤出现在南明河上。

石堤与一块平坦宽阔的钓矶相连。钓矶一头昂然挺起，犹如昂首向天的巨龟，因此被人称为"鳌矶石"。

为了使石堤增添美感，他又在鳌矶石上修建阁楼一座，以培风化，并命名为"甲秀楼"。其中蕴含深意，不但刻意点明贵阳山水"甲秀黔中"，而且激励人们努力学习，使贵阳"科甲竞秀"，人才辈出。为此，江东之赋诗一首：

朝廷 在我国古代，被诸侯、王国统领等共同拥戴的最高统领者，从而建立的一种统治机构的总称。在这种政治制度下，统领者一般被称为皇帝。朝廷后来指帝王接见大臣和处理政务的地方，也常代指"帝王"。

渔郎矶曲桃花浪，丞相祠前巨壑舟。

此日临渊何所羡，擎天砥柱在中流。

1599年，就在江东之修建甲秀楼之时，朝廷急令江东之平定叛乱。甲秀楼的工程便随即停了下来。

此后，江东之的接任者贵州巡抚郭子章，也是一个热心地方建设的官员，他钦佩江东之的人格节操，在平定杨应龙叛乱后，他为成其未竟之业，便将停工已久的甲秀楼重新开工。

1606年，甲秀楼终于竣工。楼体高约20余米，为三层三檐，四角攒尖顶，层层收进，四个角上都刻有珍奇异兽的图案，底层有12根石柱托檐，四周白色雕空石柱围护，画甍飞檐，金碧辉煌。

之后，郭子章又在甲秀楼前续修了一座贯通南北两岸的九孔石桥，取名"江公堤"，以此纪念江东之。后来，江公堤被改名为"浮玉桥"。

浮玉桥如白龙卧波，横卧楼下，全长90余米，桥上有一座名叫"涵碧亭"的方形亭子，小巧玲珑，岸柳掩映。

从远处眺望，半圆形的桥孔与它在水中的倒影合在一起，刚好是正圆。桥、亭、楼的影子一齐映在水中，给人以"镜中景，影中楼"的朦胧感。

浮玉桥也曾称为"九眼照沙洲"，过去曾流传

■ 贵阳甲秀楼

一首民谣，说的就是浮玉桥：

九眼照沙洲，长江水倒流。

财主无三代，清官难到头。

在浮玉桥西侧、南明河南岸的沙洲叫"芳杜洲"，位于甲秀楼前，浅濑平沙，广可百步，上植林木，春夏时州上花木缤纷。月朗星稀时，桥与沙洲相映成趣，所以此景因取楚辞"搴芳洲兮杜若"一语而得名，后来"芳杜洲"因浮玉桥中的两个桥洞被堵，而没于水底。

在浮玉桥南头，立有石木牌坊，牌坊中央题有"城南胜迹"四个大字，牌坊前后有八个石狮子，它们不是常见的坐狮或卧狮，而是从高处俯冲下来的雄狮，俗称"下山狮"，显得虎虎生气，极尽威风。

阅读链接

传说，明代时贵阳出了一位状元。官府为了讨好他，愿出巨资修一座藏书楼，作为他读书游艺的地方。为此，知府请风水先生在全城勘地，并确定将藏书楼修在南明桥上，并取名"甲秀楼"。

随后，知府又请当地最有名的木石匠择吉日动工修建。但木石匠担心南明桥日后成为禁地，于是自作主张，连夜沿南明河下120步处，拦河修桥，凿木造楼。

等到天亮，一座精巧玲珑、雕梁画柱的楼阁已经矗立在南明河新桥的鳌矶石上了。当"甲秀楼"三个金光闪闪的大字出现在楼阁上之后，知府闻讯来到南明河边，木石匠人因害怕官府追究，造完楼后，早已带着妻子儿女远走他乡了。知府无奈，只好将就拿这座九眼新桥上的藏书楼献给状元公了。

清代时甲秀楼多次重建

　　1621年，甲秀楼被焚毁，后由云贵总督朱燮元重建，并更名为"来凤阁"。

　　1689年，清代贵州巡抚田雯重建"来凤阁"后，又恢复了它的旧

貴阳甲秀樓浮玉橋入口

举人　本意是被举荐之人。汉代没有考试制度，朝廷命令各地官员举荐贤才，因此以"举人"称被举荐的人。隋朝、唐朝、宋朝三代，被地方推举而赴京都应科举考试的人也称为"举人"。至明、清时，则称乡试中试的人为举人，亦称为大会状、大春元。

名"甲秀楼"，并在他所撰的《黔书》中描述了甲秀楼当时的美景：

南明河越霁虹桥东，将折而北，水至此渊而不流，是为涵碧潭，烟云荡漾，风日迟回，谷软鸥眠，沙明蚌雨，令人幽然作濠濮间想。

上为鳌矶，石梁亘之，昔所筑以障水也。矶上有甲秀楼，阿阁三重，丹青绮分，望若图绣，紫池人士读书处也。

左武乡侯祠，断碑巍然，记征蛮也。右维摩阁，微雨佛灯，山僧往来也。阑光瓦影，上下参差，梵响馨吟，远近互答。

每春波摇绿，秋芷澄青，岸柳乍垂，芽芹正弩，览渔舠之泛泛，洗杯斝以临流，谁谓黔中无佳山水哉？

■甲秀楼亭榭

到康熙年间时，不少名人雅士慕名而来甲秀楼题诗刻碑，并嵌壁于楼阁底层石墙中夹，如贵阳人清康熙举人潘德徵著有《玉树亭诗文》捉笔鳌矶诗：

> 嶙峋一片石，独立水中央。
> 鳞甲秋风动，楼台夜月凉。
> 烟波同浩渺，云树共苍茫。
> 尽日临流坐，沧浪意更长。

又有康熙举人西林觉罗·鄂尔泰，雍正三年任云贵总督时的唱和诗句："鳌矶湾下柳毵毵，芳杜洲前小驻骖。更上层楼瞰流水，虹桥风景似江南。"

到乾隆年间后，清代制军勒保为平乱，在甲秀楼收聚兵器，又铸

贵阳甲秀楼建筑群

铁柱以铭拓疆之功，立于甲秀楼下标榜功绩。楼中曾有联说：

天开参井文昌府；
地接风灵武相祠。

在这期间，到甲秀楼题诗刻碑者仍然络绎不绝，他们依然如前人的做法，都将自己所刻诗碑嵌在甲秀楼阁底层的石墙中。如乾隆初举博学鸿词，曾任贵州巡抚题赠《甲秀楼和吴雨民制军韵》：

峥嵘杰构俯鳌头，山自湾环水自流。
四面天风人境外，偏有啸咏在斯楼。
霜花寥落不禁秋，雨后亭台事事幽。
何日登楼穷远目，满城秋色已全收。

又有乾隆进士，曾任云贵总督吴达善题寄《壬午仲春登甲秀楼》：

为寻胜地一登楼，四面云山尽入眸。

多少春光题不出，柳烟轻宕小桥头。

再有《甲秀楼即事偶咏》：

甲秀楼也曲径幽，绿杨夹水荡渔舟。

而今回忆当年事，风景苍苍我白头。

还有清裴宗锡，曾任贵州巡抚挥毫《题甲秀楼》：

山回水抱一楼空，畲火村烟四望中。

铜鼓不惊椎髻梦，芦笙早革桶裙风。

题铭有柱追芳烈，布德何修答屡丰。

五十年前重俯仰，斑衣竹马逐儿童。

■ 矗立在鳌矶石上的甲秀楼雪景

又清代乾隆举人徐士翔雅题《过芳杜洲》：

涉洲采芳杜，清风吹我襟。

依依散幽郁，因之生远心。

香草喜盈掬，盥濯缘碧浔。

怀抱当急促，勿与俗浮沉。

在当时，涵碧亭的石柱上镌刻有清代咸丰年间贵阳知府汪炳璈的联语：

水从碧玉环中出；

人在青莲瓣里行。

1909年，甲秀楼毁于大火，以后又曾历经几毁几建，清代巡抚庞鸿书重建。重建后的甲秀楼建筑群主

武侯祠 是纪念我国三国时期蜀汉丞相诸葛亮的祠堂，因诸葛亮生前被封为武乡侯而得名。诸葛亮为蜀汉丞相，生前曾被封为"武乡侯"，死后又被蜀汉后主刘禅追谥为"忠武侯"，因此历史上尊称其祠庙为"武侯祠"。

■ 甲秀楼"涵碧亭"

要由甲秀楼主体、浮玉桥和翠微园三大部分主要建筑组成。

甲秀楼主体与涵碧潭、浮玉桥、芳杜洲、翠微阁、观音寺、武侯祠、海潮寺合成一组瑰丽的风景建筑群，旧有"小西湖八景"之称。

甲秀楼南的观音寺内有千佛铜塔，高约3米，相传是明朝年间云南进贡给魏忠贤的，不知何故半路搁在了这里。

入清以来，甲秀楼仍然是贵阳人的游宴之所。登楼眺望，众山环抱，近者为观风台，林木茂蔚；远者为黔灵山，青山一发。栖霞、扶风、相宝、南岳诸峰，罗列左右，大好风光尽收眼底，令人心旷神怡。

■ 贵阳甲秀楼翠微园大门

下视城郊，早午炊烟袅袅，数十万人家饭熟时。四时朝暮，风景无限，山城气象，历历可观。所以，历代文人雅士往来于此，触景生情，题咏甚多，留下许多墨宝。

而贵阳甲秀楼之所以驰名天下，除了其景致优美外，尤以长联最为著名。

此联是清同治年间进士刘蕴良仿昆明孙髯翁大观楼长联格式写的，原文206字，本长联共174字，是在原文基础上稍加删改而成的，少昆明大观楼长联六个字，号称中国第二长对联。

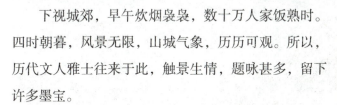

大观楼长联 大观楼位于云南昆明市近华浦南面，三重檐琉璃戗角木结构建筑。大观楼前悬挂着一副长达180字的著名长联，由于尺寸比较大，所以叫作长联。此联是在乾隆年间，由昆明人孙髯翁撰写，云南著名书法家赵藩抄录刊刻。大观楼也因此长联而成我国名楼。

对联 又称楹联或对子，是写在纸、布上或刻在竹子、木头、柱子上的对偶语句，其对仗工整、平仄协调、字数相同、结构相同，是一字一音的中文语言的独特艺术形式。对联相传起于五代后蜀主孟昶。它是中华民族的文化瑰宝。

该联胸襟开阔，气魄雄伟，甲秀楼美景于眼前，它概括了山城贵阳的地理形势及历史变迁，凝结了贵州的古老历史文化。上联为：

五百年稳占鳌矶，独撑天宇。让我一层更上，眼界拓开：看东枕衡湘，西襟滇诏，南屏奥峤，北滞巴夔。迢递关河，喜雄跨两游，支持岩疆半壁。恰好马撒硐瓙，乌蒙箐扫，艰难缔造，点缀成锦绣湖山，漫云筑围偏荒，难与神州争胜概。

下联为：

■ 贵阳甲秀楼前的浮玉桥

数千仞高凌牛渡，永镇边隅。问谁双柱重镌，颓波挽住？想秦通楚道，汉置牂牁，

唐靖苴兰，宋封罗甸。凄迷风雨，叹名流几辈，留得旧迹千秋。对此云送螺峰，霞餐象岭，缓步登临，领略些画图烟景，恍觉蓬洲咫尺，招邀仙侣话游踪。

■ 贵阳甲秀楼景观

上联主要写四方景物，下联追叙贵州历史，寄兴寓情，多有歌功颂德之词。

自从刘蕴良的此联嵌于甲秀楼上后，便成为甲秀楼一绝，甲秀楼也因此而广为人知。因而，甲秀楼后来在人们心目中逐渐成了贵阳城的标志，可谓联因楼作，楼因联传。

楼顶层额题"甲秀楼"三字，系宣统年间谢石琴所书。后因战乱三字刻石不幸散佚，后寻回刻有"秀"、"楼"二字的两块，人们又根据过去的照片，配写"甲"字，按原式样悬挂楼顶层外面。

后来，甲秀楼虽然历经400多年的风霜雨雪，饱

刘蕴良（1844—1914），字玉山，贵州安顺人，清同治年间进士。他是清代著名的楹联作家。他学识渊博，才华出众，一生著作宏富，著有《壶隐斋楹联类编》《刘玉山先生全集》。

尝忧患和苦楚，然而在历代入黔官员与贵阳人民的呵护下，依然屹立在南明河上，犹如一位绝代佳人，薄施傅粉，轻扫娥眉，出落得古雅秀挺，风姿绰约，令人为之艳羡，为之赞美。

浮玉桥建造得非常坚固，其楼基和桥历经400余年，虽经数次洪水冲击，均无受损，仍为中流砥柱。它的桥面不是平直的，而是有一个起伏，像一条浮在水上的玉带，增加了桥梁造型的美感。

在全国的风景桥中，浮玉桥堪与杭州苏堤上的"六桥烟雨"，扬州瘦西湖的玉婷桥相媲美，它横跨在明净的南明河上，两岸杨柳依依，非常美丽。

后来的翠微阁内，开辟有名家书法作品陈列馆。其中，"飞檐甲天下，落影秀寰中"的条幅在气势宏大的笔触中显出隽秀，诗句中隐言"甲"与"秀"的意思。

"清风待客，明月留人"，运笔飞动，词意清雅，表达了贵州人殷勤好客的情怀，欢迎天下游客来贵州，到甲秀楼做客。

阅读链接

据说，甲秀楼建成后果然是"秀甲黔中"，成为了贵阳的人文标志；而江东之所预言的贵阳"科甲挺秀"的愿望也得以实现。

贵阳士人以"万马如龙"之气势，在明清的科举场上，书写230余名进士及2000余名举人的不俗成绩，位居贵州全省之冠，从而印证了江东之评价贵阳"人杰地灵"的观点。

自此以后，贵阳果然出了许多著名人物，如明末以"诗书画三绝"闻名于世的杨龙友，清初著名学者、诗人周起渭，清代进士李端棻，清代文状元赵以炯和武状元曹维城。所以，甲秀楼是贵阳人杰地灵的象征，是贵阳山水与文化的精华。

中华精神家园书系

古迹奇观
玉宇琼楼：分布全国的古建筑群
城楼古景：雄伟壮丽的古代城楼
历史开关：千年古城墙与古城门
长城纵览：古代浩大的防御工程
长城关隘：万里长城的著名关卡
雄关漫道：北方的著名古代关隘
千古要塞：南方的著名古代关隘
桥的国度：穿越古今的著名桥梁
古桥天姿：千姿百态的古桥艺术
水利古貌：古代水利工程与遗迹

山水灵性
母亲之河：黄河文明与历史渊源
中华巨龙：长江文明与历史渊源
江河之美：著名江河的文化源流
水韵雅趣：湖泊泉瀑与历史文化
东岳西岳：泰山华山与历史文化
五岳名山：恒山衡山嵩山的文化
三山美名：三山美景与历史文化
佛教名山：佛教名山的文化流芳
道教名山：道教名山的文化流芳
天下奇山：名山奇迹与文化内涵

自然遗产
天地厚礼：中国的世界自然遗产
地理恩赐：地质蕴含之美与价值
绝美景色：国家综合自然风景区
地质奇观：国家自然地质风景区
无限美景：国家自然山水风景区
自然名胜：国家自然名胜风景区
天然生态：国家综合自然保护区
动物乐园：国家动物自然保护区
植物王国：国家保护的野生植物
森林景观：国家森林公园大博览

西部沃土
古朴秦川：三秦文化特色与形态
龙兴之地：汉水文化特色与形态
塞外江南：陇右文化特色与形态
人类敦煌：敦煌文化特色与形态
巴山风情：巴渝文化特色与形态
天府之国：蜀文化的特色与形态
黔风贵韵：黔贵文化特色与形态
七彩云南：滇云文化特色与形态
八桂山水：八桂文化特色与形态
草原牧歌：草原文化特色与形态

东部风情
燕赵悲歌：燕赵文化特色与形态
齐鲁儒风：齐鲁文化特色与形态
吴越人家：吴越文化特色与形态
两淮之风：两淮文化特色与形态
八闽魅力：福建文化特色与形态
客家风采：客家文化特色与形态
岭南灵秀：岭南文化特色与形态
潮汕之根：潮州文化特色与形态
滨海风光：琼州文化特色与形态
宝岛台湾：台湾文化特色与形态

中部之魂
三晋大地：三晋文化特色与形态
华夏之中：中原文化特色与形态
陈楚风韵：陈楚文化特色与形态
地方显学：徽州文化特色与形态
形胜之区：江西文化特色与形态
淳朴湖湘：湖湘文化特色与形态
神秘湘西：湘西文化特色与形态
瑰丽楚乡：荆楚文化特色与形态
秦淮画卷：秦淮文化特色与形态
冰雪关东：关东文化特色与形态

节庆习俗
普天同庆：春节习俗与文化内涵
张灯结彩：元宵习俗与彩灯文化
寄托哀思：清明祭祀与寒食习俗
粽情端午：端午节与赛龙舟习俗
浪漫佳期：七夕节俗与妇女乞巧
花好月圆：中秋节俗与赏月之风
九九踏秋：重阳节俗与登高赏菊
千秋佳节：传统节日与文化内涵
民族盛典：少数民族节日与内涵
百姓聚欢：庙会活动与赶集习俗

民风根源
血缘脉系：家族家谱与家庭文化
万姓之根：姓氏与名字号及称谓
生之由来：生庚生肖与寿诞礼俗
婚事礼俗：嫁娶礼俗与结婚喜庆
人生遵俗：人生处世与礼俗文化
幸福美满：福禄寿喜与五福临门
礼仪之邦：古代礼制与礼仪文化
祭祀庆典：传统祭典与祭祀礼俗
山水相依：依山傍水的居住文化

衣食天下
衣冠楚楚：服装艺术与文化内涵
凤冠霞帔：佩饰艺术与文化内涵
丝绸锦缎：古代纺织精品与布艺
绣美中华：刺绣文化与四大名绣
以食为天：饮食历史与筷子文化
美食中国：八大菜系与文化内涵
中国酒道：酒历史酒文化的特色
酒香千年：酿酒遗址与传统名酒
茶道风雅：茶历史茶文化的特色

国风美术
丹青史话：绘画历史演变与内涵
国画风采：绘画方法体系与类别
独特画派：著名绘画流派与特色
国画瑰宝：传世名画的绝色魅力
国风长卷：传世名画的大美风采
艺术之根：民间剪纸与民间年画
影视鼻祖：民间皮影戏与木偶戏
国粹书法：书法历史与艺术内涵
翰墨飘香：著名书法名作与艺术
行书天下：著名行书精品与艺术

汉语之魂
汉语源流：汉字汉语与文章体类
文学经典：文学评论与作品选集
古老哲学：哲学流派与经典著作
史册汗青：历史典籍与文化内涵
统御之道：政论专著与文化内涵
兵家韬略：兵法谋略与文化内涵
文苑集成：古代文献与经典专著
经传宝典：古代经传与文化内涵
曲苑音坛：曲艺说唱项目与艺术
曲艺奇葩：曲艺伴奏项目与艺术

博大文学
神话魅力：神话传说与文化内涵
民间相传：民间传说与文化内涵
英雄赞歌：四大英雄史诗与内涵
灿烂散文：散文历史与艺术特色
诗的国度：诗的历史与艺术特色
词苑漫步：词的历史与艺术特色
散曲奇葩：散曲历史与艺术特色
小说源流：小说历史与艺术特色
小说经典：著名古典小说的魅力

歌舞共娱

古乐流芳：古代音乐历史与文化
钧天广乐：古代十大名曲与内涵
八音古乐：古代乐器与演奏艺术
鸾歌凤舞：古代大曲历史与艺术
妙舞长空：舞蹈历史与文化内涵
体育古项：体育运动与古老项目
民俗娱乐：民俗运动与古老项目
刀光剑影：器械武术种类与文化
快乐游艺：古老游艺与文化内涵
开心棋牌：棋牌文化与古老项目

科技回眸

创始发明：四大发明与历史价值
科技首创：万物探索与发明发现
天文回望：天文历史与天文科技
万年历法：古代历法与岁时文化
地理探究：地学历史与地理科技
数学史鉴：数学历史与数学成就
物理源流：物理历史与物理科技
化学历程：化学历史与化学科技
农学春秋：农学历史与农业科技
生物寻古：生物历史与生物科技

文化标记

龙凤图腾：龙凤崇拜与舞龙舞狮
吉祥如意：吉祥物品与文化内涵
花中四君：梅兰竹菊与文化内涵
草木有情：草木美誉与文化象征
雕塑之韵：雕塑历史与艺术内涵
壁画遗韵：古代壁画与古墓丹青
雕刻精工：竹木骨牙角匏与工艺
百年老号：百年企业与文化传统
特色之乡：文化之乡与文化内涵

杰出人物

文韬武略：杰出帝王与励精图治
千古忠良：千古贤臣与爱国爱民
将帅传奇：将帅风云与文韬武略
思想宗师：先贤思想与智慧精华
科学鼻祖：科学精英与求索发现
发明巨匠：发明天工与创造英才
文坛泰斗：文学大家与传世经典
诗神巨星：天才诗人与妙笔华篇
画界巨擘：绘画名家与绝代精品
艺术大家：艺术大师与杰出之作

戏苑杂谈

梨园春秋：中国戏曲历史与文化
古戏经典：四大古典悲剧与喜剧
关东曲苑：东北戏曲种类与艺术
京津大戏：北京与天津戏曲艺术
燕赵戏苑：河北戏曲种类与艺术
三秦戏苑：陕西戏曲种类与艺术
齐鲁戏台：山东戏曲种类与艺术
中原曲苑：河南戏曲种类与艺术
江淮戏话：安徽戏曲种类与艺术

千秋教化

教育之本：历代官学与民风教化
文武科举：科举历史与选拔制度
教化于民：太学文化与私塾文化
官学盛况：国子监与学宫的教育
朗朗书院：书院文化与教育特色
君子之学：琴棋书画与六艺课目
启蒙经典：家教蒙学与文化内涵
文房四宝：纸笔墨砚及文化内涵
刻印时代：古籍历史与文化内涵
金石之光：篆刻艺术与印章碑石

悠久历史

古往今来：历代更替与王朝千秋
天下一统：历代统一与行动韬略
太平盛世：历代盛世与开明之治
变法图强：历代变法与图强革新
古代外交：历代外交与文化交流
选贤任能：历代官制与选拔制度
法治天下：历代法制与公正严明
古代税赋：历代赋税与劳役制度
三农史志：历代农业与土地制度
古代户籍：历代区划与户籍制度

信仰之光

儒学根源：儒学历史与文化内涵
文化主体：天人合一的思想内涵
处世之道：传统儒家的修行法宝
上善若水：道教历史与道教文化

梨园谱系

苏沪大戏：江苏上海戏曲与艺术
钱塘戏话：浙江戏曲种类与艺术
荆楚戏台：湖北戏曲种类与艺术
潇湘梨园：湖南戏曲种类与艺术
滇黔好戏：云南贵州戏曲与艺术
八桂梨园：广西戏曲种类与艺术
闽台戏苑：福建戏曲种类与艺术
粤琼戏话：广东戏曲种类与艺术
赣江好戏：江西戏曲种类与艺术

传统美德

君子之为：修身齐家治国平天下
刚健有为：自强不息与勇毅力行
仁爱孝悌：传统美德的集中体现
谦和好礼：为人处世的美好情操
诚信知报：质朴道德的重要表现
精忠报国：民族精神的巨大力量
克己奉公：强烈使命感和责任感
见利思义：崇高人格的光辉写照
勤俭廉政：民族的共同价值取向
笃实宽厚：宽厚品德的生活体现

历史长河

兵器阵法：历代军事与兵器阵法
战事演义：历代战争与著名战役
货币历程：历代货币与钱币形式
金融形态：历代金融与货币流通
交通巡礼：历代交通与水陆运输
商贸纵观：历代商业与市场经济
印纺工业：历代纺织与印染工艺
古老行业：三百六十行由来发展
养殖史话：古代畜牧与古代渔业
种植细说：古代栽培与古代园艺

强健之源

中国功夫：中华武术历史与文化
南拳北腿：武术种类与文化内涵
少林传奇：少林功夫历史与文化